JN023891

アドラー子育て・親育て

Psychology * Parenting based on Adlerian

A Guide to Develop an Effective Partnership
How married couples build happy families while facing love

夫婦の教科書

愛に向き合い、家庭をつくる

熊野英一
Eiichi Kumano

アルテ

目　次

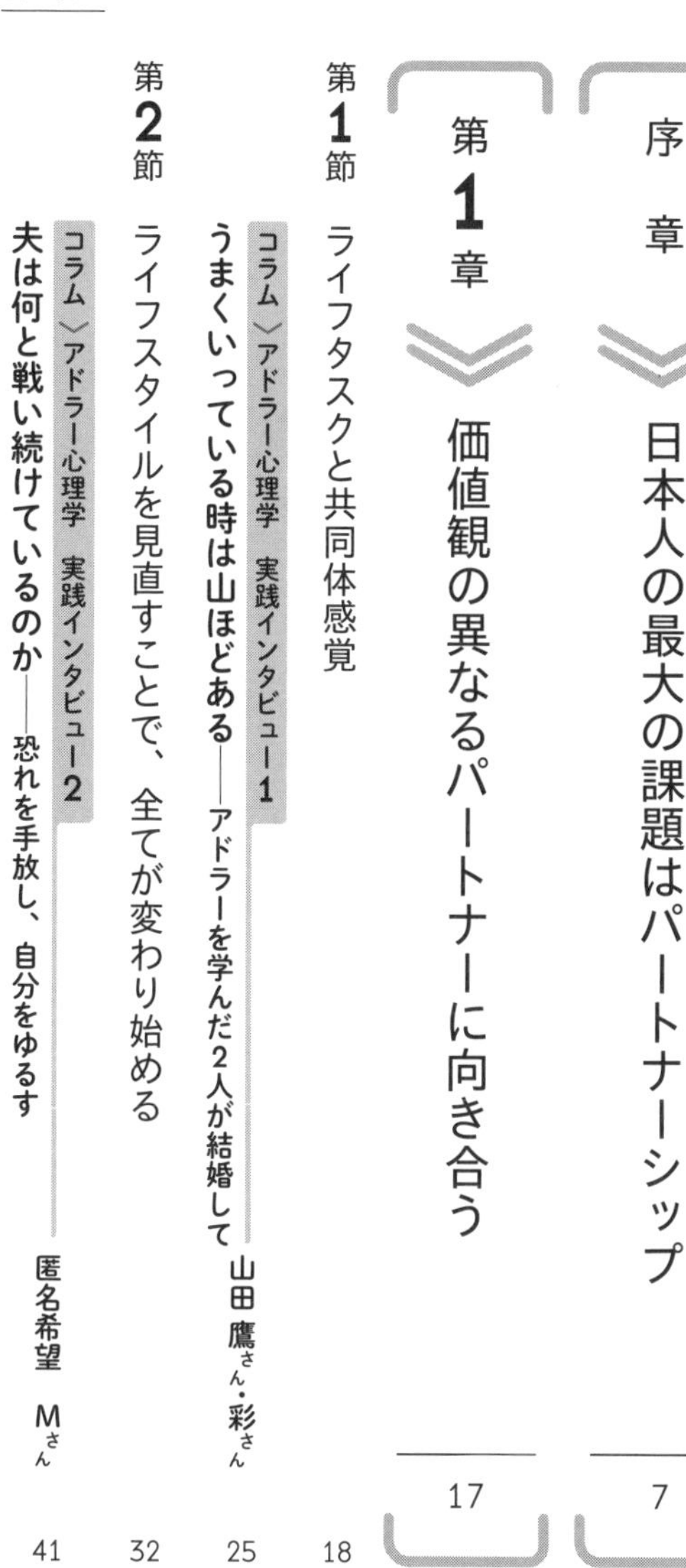

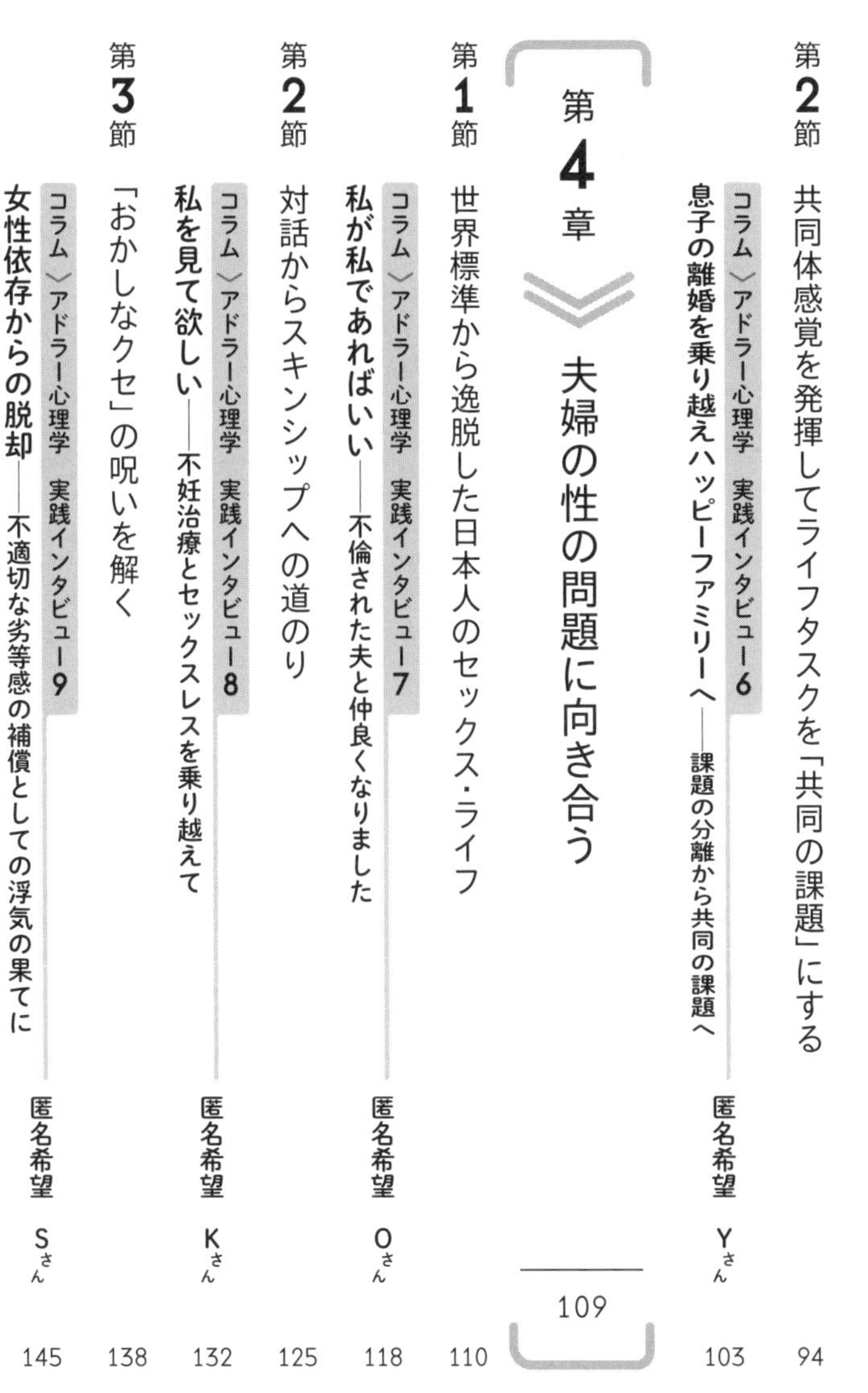

序章

日本人の最大の課題は
パートナーシップ

「結婚は、幸福を保証しない」と言われたら、皆さんはどのように感じますか？

日本の現状をみると、男女ともに未婚率が上昇し続ける一方で、「婚活」という言葉が一般化したように、出会いやつながりを求める風潮も根強いのですから「結婚はしたいが、結婚するのが難しい」という人が増えていると考えられます。

一方で、ようやく結婚にたどりついたと思いきや、子育て、介護、親族づきあいや仕事と家庭生活の両立、経済的な問題などが表面化したり、セックスレスや浮気・不倫といった性の問題により夫婦関係が険悪になったりする夫婦は後を絶ちません。そして、そうした諸問題を解決できない結果として、離婚するカップルも増加傾向にあるのですから、結婚それ自体は幸福を保証するものでないという主張に説得力はありそうです。

いきなり、ネガティブな話になってしまいましたが、私は結婚を否定したいのではありません。私自身、離婚を経験していますので、夫婦双方にとって幸福な結婚生活を継続することの難しさは身にしみていますが、一方で、様々な学びと実践を通して、パートナーとの間にわき出てくる諸問題を解決する手立てがあることも確信するに至りました。

この本は、「アドラー子育て・親育てシリーズ」の第3巻であり、完結編でもあります。

アドラー心理学による「勇気づけの子育て」を実践するうえで、さらには、幸福な家庭を築くうえで目をそらすことのできない、夫婦のパートナーシップに真正面から向き合ってみようという試みです。

第1巻『育自の教科書』は、子育ては「育自＝自分育て」であるとし、親である私たちが何を学び、どこを見つめ直すべきなのかについて「アドラー　幸せの3条件」という本質的な考え方を示した本として好評を得ました。

第2巻『家族の教科書』は、子どもがライフスタイル（性格・人格・価値観と言われるもの）を形成する過程で親が果たせる役割を詳述しました。親自身のライフスタイルの見直しが子どもの人格形成にプラスに働くことを多くの方に理解いただける本となりました。

第3巻は、前2巻では紙幅の都合で詳述できていない「ライフタスク」と「共同体感覚」という考え方を土台に論を展開していきます。**本書を読み進めることで、読者の皆さんは、私たちは他者とのつながり無くして生きていくことはできず、それゆえ人生のあらゆる課題（ライフタスク）は、他者とのつながりから生じるものであること、そしてその課題の対処には、自身のあり方を見直し、他者を受け入れて、勇気を持って協力・協調していくこ**

と、つまり共同体感覚を発揮することが大切であると理解するでしょう。

アドラー心理学は「勇気づけの心理学」とも言われます。本書を読むことで皆さんの心の内から「様々な課題に向き合う勇気」がわいてくるのを感じられるように、私は筆を進めたいと思います。ここで簡単に、本書の章ごとの内容を紹介しておきましょう。

第1章では、価値観の異なるパートナーとの向き合い方を考えます。ライフタスクの対処にはパートナー同士の協力が不可欠です。自分を大切にしながら、同様に他者も大切にすることをアドラー心理学では「共同体感覚を発揮する」と表現しますが、共同体感覚を適切に発揮するには、自身のライフスタイルの見直しが有効であることをお伝えします。

パートナー同士の協力の実践が往々にして難しくなることがあるのはなぜでしょうか？自分自身に向き合う勇気が出ないのは、何を恐れているからでしょうか？男女の違いや、一人一人の違いを理解し、同意するか否かを別にして相手に共感してみることや、相互にリスペクトし合うために必要な勇気の出し方を考えます。

第2章では、父・母として、夫・妻としての、子育てへの向き合い方を考えます。結婚し生活を共にしている中で、多くのカップルが子どもを持つことになります。出産と育児は幸福な結婚生活の重要なピースになり得ると同時に、大きな課題の元ともなり得ます。

ここでは、夫婦間だけではなく、親子の間でも、相互尊敬・相互信頼に基づく民主的な「ヨコの関係」を構築することが、子どもの自立・成長や、幸せな家庭づくりにとって重要なポイントになることを解説します。

ともすると、アドラー的な価値観とは相反する家族の価値観や家庭の雰囲気の中で大人になった読者諸氏には、アドラーの教えの実践に際して抵抗感や難しさを感じる方もいらっしゃるかもしれません。本書を含めた当シリーズでは、初心者でも理解しやすい理論解説の間に、理論の理解を促す豊富な事例をコラム形式で紹介しています。コラムのタイトルを確認して、読みたいと食指が動いたコラムから読み始めても良いでしょう。

第3章では、親族や独立した子どもの家族への向き合い方を論じます。結婚に伴う課題は、カップル二人だけの間に止まらないのです。それぞれの両親や親族との付き合いが出てきます。そこでは時代背景や地域の文化に根ざした、多様な価値観がぶつかり合います。結婚生活が長くなれば、やがて子どもは成長し、親離れ・子離れの時期がきます。

自身やパートナーの実家や親族、独立した子どもが築く新たな家庭との間と、どの程度の「つながり」を持てば良いのか？　唯一絶対の正解はない中で、納得のいく選択肢を見つけるために「課題の分離・共同の課題」という考え方を紹介します。

第4章では、今一度、視点をパートナー同士の「つながり」に戻します。ここでは、夫婦の性の問題に真正面から向き合ってみましょう。セックスレスの状況にある日本のカップルは、他国と比較すると飛び抜けて多いことがデータで示されています。一方では浮気や不倫といった問題が世間の注目を集めてもいます。

男女ともにセックスや「他者とのつながり」は求めているが、夫婦間でのそれは求めていないということなのでしょうか？ その背景には、日本における「勇気くじき（恐れ）の蔓延」があるのではないかという考えを検証していきます。読者にとっては、自分の価値観とは異なる性に対する考え方に触れる機会になるかもしれません。

第5章では、第1章で触れた自分自身との向き合い方について、更に考察を深めていきます。アドラーは、人生の悩みは全て対人関係の悩みであると喝破しました。このことを表層的に捉えてしまうと、つい、自分と他者との関係性だけに注目してしまいがちになりますが、実のところは、他者と良好な関係を構築し、共同体感覚を発揮して幸福な生活を送るうえで、最も大切なのは自分自身と向き合うことなのだと、理解できるでしょう。

アドラーが生きていた頃から、随分と時代が移り変わり、自分自身のアイデンティティーに対する不安定さが増していることを様々な角度から捉え、では、自分自身でも気づきにくい、体の奥底に眠っているような「本当の自分」とどう向き合うのか?ということを考えてみましょう。

自分自身の核心に真摯に向き合った結果、パートナーシップを継続するのか、あるいは、離婚や別離を選択するのか?という岐路に立つカップルが多くなっているのが現在です。本章では、パートナーシップの継続・終了のどちらが良い・悪いという価値判断はせずに考察を深めつつ、そのうえで双方のパートナーが納得できる「向き合い方」「協力の仕方」を見つけるためのポイントを整理していきます。

日本人が現在抱える最大の課題は、行きつくところパートナーシップではないかと私は考えています。本書では、パートナーシップを一旦は「夫婦のつながり」と狭く捉えて論考を進めますが、一方では「共同体感覚」というキーワードを軸にして筆を進めますので、事あるごとにそれを「私と他者のつながり」と広義に捉えることも試みます。

子どもたちから老人まで、私たちは他者とのつながりを求めながらも、そうした関わりの中で他者を傷つけ、他者に傷つけられることを恐れ、つながることを回避しようとしています。この「恐れ」がもたらしている現代日本の諸問題を列記してみましょう。

他国に較べて自己肯定感の低い子どもが多い現代の日本では、不登校の児童・生徒数が増加し続け、若者の自殺数も増えているというデータがあります。

結婚・出産に関しては、晩婚化、非婚化、未婚化と言った外国語には無い日本固有の言葉が生まれ、その結果としての少子化トレンドはどうやらこれからも続きそうです。

高齢化と少子化が同時に進む中、減り続ける若い世代に、増える一方の社会保障の負担を背負わせようとするのは無理な話です。

かつては年功序列と終身雇用という特異な仕組みを活用して世界のトップランナーとなった日本企業は、そうした過去の強みを手放さざるを得なくなり、かと言って新たな強みを構築できないまま、グローバルなビジネスの世界で欧米諸国や急成長するアジア諸国の企業に後塵を拝する一方となっています。

移民を受け入れるなど抜本的な国柄の転換を決意しない限り、このまま他者とのつながりを恐れ、結婚・出産・家族の形成を回避していれば、いつの日か日本人はゼロになる可能性があるこの状況を見つめたとき、日本人にとって「パートナーシップ（つながり）の回復」がいかに大きな課題であるか、疑う余地は無いように思います。

他者とつながることを避けて新しい何かを生みだすことができないのは自明の理です。第一次世界大戦に軍医として従軍したアドラーは「なぜ人は戦うのか？」と過去を振り返るのではなく「どうしたら、人は仲良くできるのか？」という問いだてをし、その思想をアドラー心理学として体系立てた未来志向の人です。皆さんが抱える人生の諸課題（ライフタスク）への対処とは、簡単に言えば「どうしたら、私はあなたと仲良くできるのか？」という問いへの答えを見つけるということです。この問いに対する具体的で明確な対処のヒントを、本書のいたる所から見つけてください。

序章の最後に、前巻でも取り上げているアドラー心理学の基本原理を示しておきましょう（図表1）。本書を読み進むうえで幾度となく、この図表に立ち戻って自分の生き方に照らし合わせてください。本書と本シリーズをきっかけにして、一人でも多くの方が、アドラーに人生のヒントを学び、実践の一歩を踏み出すことを願っています。

図表1 アドラー心理学の全体像

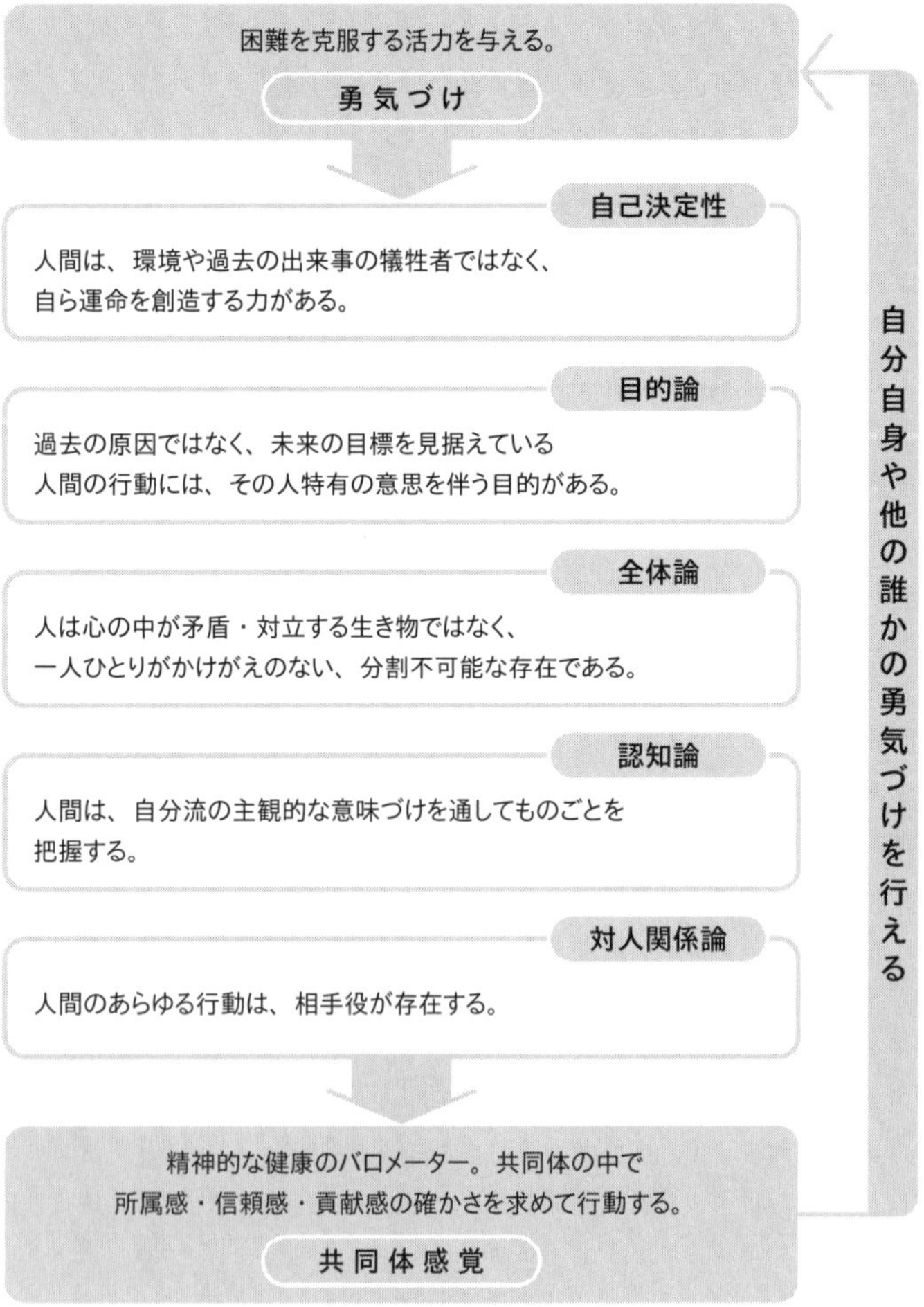

困難を克服する活力を与える。

勇気づけ

自己決定性

人間は、環境や過去の出来事の犠牲者ではなく、
自ら運命を創造する力がある。

目的論

過去の原因ではなく、未来の目標を見据えている
人間の行動には、その人特有の意思を伴う目的がある。

全体論

人は心の中が矛盾・対立する生き物ではなく、
一人ひとりがかけがえのない、分割不可能な存在である。

認知論

人間は、自分流の主観的な意味づけを通してものごとを
把握する。

対人関係論

人間のあらゆる行動は、相手役が存在する。

精神的な健康のバロメーター。共同体の中で
所属感・信頼感・貢献感の確かさを求めて行動する。

共同体感覚

自分自身や他の誰かの勇気づけを行える

出典：『7日間で身につける！ アドラー心理学ワークブック』 岩井俊憲　宝島社

第1章

価値観の異なるパートナーに向き合う

第1節 ライフタスクと共同体感覚

アドラーは、人生とは「（1）仕事のタスク（2）交友のタスク（3）愛のタスク」という3つの課題（タスク）に対処することだとし、それらをライフタスクと呼びました。また、人は「（1）地球とのつながり（2）仲間とのつながり（3）男女両性のつながり」という3つのつながりの中で生きており、これらのつながりがあるからこそ、ライフタスクが発生すると考えました。

現代のアドラー心理学においては、バーナード・シャルマンやハロルド・モサックらによって「（4）セルフ（自己）のタスク」と「（5）スピリチュアル（精神世界）のタスク」が加えられました。アドラー心理学を土台にするカウンセリングでは、クライアントの現在の人生における満足感や課題感を整理、明確化するための指標として、これら5つの課題（タスク）を活用することがあります（図表2）。

私たちはライフタスクに直面したとき、それに向き合う勇気を持てずに、自分や他者を傷つけてしまうような非建設的な回避行動を選択してしまうことがあります。そうした選択を減らして、**建設的にライフタスクに対処することができるようになるためには、タスクに対峙する勇気とそれを下支えする共同体感覚を持つことが欠かせません。**

あなたと他者との間に何か問題が発生した時に「どうしたら、私はあなたと仲良くできるのか?」というシンプルな問いに立ち返り、自分も他者も同様に大切にしながら、なんとか協力しあって納得できる落とし所を見つけようとする姿勢、これが共同体感覚です。

もう少し専門的な説明を加えましょう。アドラーの母語であるドイツ語で「共同体感覚」を意味する言葉のひとつ、「Mitmenschlichkeit」は「人と人とが共にあること」「ヒューマニティ／人倫をわきまえている」というニュアンスの言葉です。また、アドラー自身が英語で書いた本ではこれを「social interest」と訳しましたが、これは「他者への関心」といったニュアンスの言葉です。これらを踏まえ、より専門的に共同体感覚を定義します。

図表2 ｜「3つのつながり」と「5つのライフタスク」

つながり	ライフタスク
地球とのつながり 人間は、それ以外で生きることができない「地球」という住処が持つ制限と可能性の中で、人類の一員として発展しなければならない。	**仕事のタスク** 地球の有限な資源・環境下を前提に、職場やコミュニティなどで、他者と協力し合いながら、どのような貢献をするか。
仲間とのつながり 人間は、弱さ、欠点、限界ゆえに、たった一人で生きていくことはできず、常に他者と結びついていなければならない。	**交友のタスク** 自分を取り巻く周囲の知人・友人といかに良好な関係を築き、共同体の中に居場所を見つけるか。
男女のつながり 人類が存続していくためには、生物学的な男性・女性の二つの性が関係を持ち子孫を残さなければならない。	**愛のタスク** 恋愛・結婚・出産・子育て・家庭生活にパートナー・親子・家族でどのように取り組むか。
＊アドラー自身は著書の中で「3つのつながり」と、そのつながりから発生する仕事・交友・愛の「3つのライフタスク」のみ言及している。	**セルフのタスク** 自己のウェル・ビーイング（精神的・身体的・社会的健康）を意識しながら「私とは、何者か？」という正解のない問いにいかに向き合うか。
＊「セルフのタスク」と「スピリチュアルのタスク」は、後年、シャルマンやモサックらが提唱したものである。	**スピリチュアルのタスク** 神的・霊的・宇宙的な存在や自然など、自己を取り巻く超越的存在といかに向き合うか。

共同体感覚	人類が地球上で他者とのつながりを前提に生きているときに発生する様々なライフタスクに対処する際、「人と人が共生している」ことを感じながら、つながりを共有する「より多くの他者へと関心を広げていく」こと
共感	相手の目で見て、 相手の耳で聴いて、 相手の心で感じること

共同体感覚とは、人類が地球上で他者とのつながりを前提に生きているときに発生する様々なライフタスクに対処する際、「人と人が共生している」ことを感じながら、「つながりを共有する、より多くの他者へと関心を広げていく」ことである。

改めてこれを**なるべくシンプルに言い直すなら「自分にも他者にも、思いやりの気持ちを持って行動すること」と言い切っても良いかもしれません。**本シリーズで繰り返しその重要性をお伝えしている**「共感（相手の目で見て、相手の耳で聴いて、相手の心で感じてみること）」を持って他者と関わること、それこそが共同体感覚を持って生きること**だと捉えてみると、実生活でどのように振る舞えば良いかイメージがわいてきます。

ここで、本書のテーマである夫婦のパートナーシップと、ライフタスクや共同体感覚の関係性を検討してみましょう。アドラーは『人生の意味の心理学』（アルテ）の中でこう言います。

結婚は2人の課題である。
もしもふたりの間に信頼関係がなければ何も成し遂げられないだろう。

アドラー心理学では、立場や年齢といった属性に基づく支配と従属の「タテの関係」ではなく、すべての人同士がフラットで民主的な「ヨコの関係」を築くことが、共同体感覚を維持した、建設的な対人関係のベースにある、という立場を採用します。

夫婦のパートナーシップのあり方は、10組あれば10通り。とは言え、**双方が永続的に幸福を感じ続けている夫婦には、互いをリスペクトし合う相互尊敬と、無条件に信じあう相互信頼を維持しようとする覚悟があり、だからこそ長期にわたって様々なライフタスクに協調的に対処でき、その結果として幸せを感じている、という共通点があるでしょう。**

一方では、こうした関係性を維持し、実践することに難しさを感じているカップルが多いのも事実です。共同体感覚を維持した、協調的なパートナーシップを維持することは、なぜ、そんなに難しいのでしょうか？ 多くの夫婦カウンセリングを実施していると、クライアントからの次のような訴えを耳にすることがよくあります。

「子どもが生まれるまで、夫婦喧嘩なんてほとんどした記憶がないんです。あの頃はまさに『一心同体』といった感じで、お互い目を合わせただけで分かり合えていたのに。今は小さなことでもすれ違い、いがみあい、傷つけあっているんです。私は昔から何も変わっていないはずなのに。やはり、ラブラブ・モードはいつか消えてしまうのでしょうか？」

恋愛したときに起こる高揚感は恋愛ホルモンによるものですが、このホルモンは出会って3ヶ月目位から減少し始め3年程度で分泌されなくなると言いますから、クライアントの質問の最後の一文はその通り、と言えます。

私が注意を促したいのは「一心同体」という言葉の意味づけです。「一心同体」という言葉の意味を次のように間違って捉えてしまうと、カップルの関係を良好に維持することはできません。

「私たちは運命の赤い糸で結ばれた奇跡の関係。言葉を交わさなくても、目と目で通じ合う。様々なことに対する価値観も一緒だから、惹かれ合い、結婚するのは自然な流れ。まさに『一心同体』の関係だよね」

カップルの実態は異なります。むしろ二人は、**まったく異なる価値観を持っているから**

こそ、惹かれ合い、協力を継続する限りにおいて、うまくいく可能性を持っているのです。

生物学的な視点によると、昆虫から人間まで、生物は子孫繁栄の使命を担っていますから、各々が微妙に発する体臭（フェロモン）を嗅ぎ分けて、生殖相性の良い遺伝子を持つ異性に惹かれる特性をもっています。そして、免疫抗体の型が遠く離れて一致しない男女ほど、互いに惹かれ合う仕組みになっているのです。

「一心同体」の本当の意味は互いの違いを受け入れるために「心と体を合わせ続けていく」というパートナー同士の覚悟です。より良い生存という生物としての使命を果たし、幸せな家庭を築き、子孫を残していくという「人生のゴール」を共有する二人が、「心と体を合わせて協力し続けること」がその本質なのです。

間違いやすい大切なポイントがあります。「協調することが大切」ということを「自分の意思・価値観を抑えて、相手に合わせせること」すなわち「我慢して、同調すること」と捉えてはいけない、ということです。パートナーが協調しあう、というのは、お互いの個性・価値観をリスペクトしながら、助け合ったり、気持ちよく譲り合ったりして共有するゴールに向かって共に歩むことを言うのです。今一度、自分とパートナーの関わり方を、振り返ってみてはいかがでしょうか。

コラム
アドラー心理学
実践インタビュー
1

うまくいっている時は山ほどある
アドラーを学んだ2人が結婚して

山田 鷹さん・彩さん

僕は理学療法士をしており、これまで身体の機能が低下している患者さんとの接し方を模索してきました。どのように関わることが患者さんにとって一番いいのか、「褒める」とか「おだてる」、「いじる」という表現だけだとしっくりこないんだよなぁ……。そんな学びと実践の中で、僕はアドラー心理学に出会いました。「勇気づけ」や「共同体感覚」を知った時、「そうそう！ これが自分のやりたかったこと！」と強く感じたのを覚えています。

妻も臨床心理士・公認心理師として、人のメンタルをサポートする仕事をしており、彼女は彼女でアドラーを学んでいました。

夫婦関係にアドラー心理学を適用する場合、通常は妻、夫のどちらかが学び、実践していくというカタチが多いのではと思います。僕たちはお互いが「人をサポートすること」

を生業としており、最初からアドラー心理学のコンセプトや実践方法をいわば「共通言語」として持てている、それなりに実践できている状態で結婚しました。

ですので夫婦生活は最初から順風満帆！完璧なパートナーシップを実践しています‼というワケには行きません（笑）。もちろん仲良く暮らしている時間は長いですが、意見が食い違う時や衝突することももちろんあります。

とはいえ僕たちは「ヨコの関係」であることを望み、「相互尊敬」「相互信頼」「共感」を実践する者同士です。普段はどんな点に注意、工夫しながら暮らしているかをお伝えできたらと思います。


僕たち夫婦の性格は、簡単に言ってしまうと「アリ」と「キリギリス」に近いと思います。これは童話で言うような「キリギリスは怠惰だ」という意味ではなく、僕は内向型で細やかでコツコツ、妻は外向型でおおらかで「好き」に正直、といった違いです。僕は未来志向で計画的、「効率」「効果」を重視しながら「目標達成」を目指し、彼女は「今が楽しく充実していること」を重んじ、柔軟に対応を変えていくことを希望します。

アタマで考えて「抽象的」に物事を考えるのが得意な自分と、何事も「具体的」なことが得意な妻。僕は環境が整っていないとエネルギー切れを起こしやすく、妻は燃費が良くてタフといった精神的なストレス耐性の違いもあります。

そのためお互いがお互いの違いを認めあい、両者の長所がうまく噛み合っているときは最高のパートナーとなり得ます。でもその一方で「相手と違っているところ」に立て続けに向き合わなければならない場面に出くわすと、そのバランスが崩れてしまい「しんどい、めんどくさい」という感情が大きな壁となって立ちはだかることになります。

例えば、結婚当初はこんなことがよく起きました。

僕は、集中しているときに話しかけられたり、部屋に入って来られることが苦手です。目標達成への「効率」や「効果」が削がれるからです。というのも僕は、「効率を考えずにリラックスして過ごす時間」をできるだけたくさん取りたいので、それ以外の時間は「効率」「効果」的に過ごすことを心がけているんですね。

一方彼女は、流れが途切れても、スムーズに元の作業に戻ることが得意なので、いつ話しかけても大丈夫なんですね。彼女は「今」が大切なので、思いついたらすぐ伝えたくなるのだろうし、それが彼女の愛情表現で喜びだったりする。だからこそ彼女には、僕がなぜこんなに物事を中断されるのが嫌なのか、時に自分が激しく拒絶されることがあるのか、体感的に理解できない部分があるのだと思います。

一方、彼女は「いいよ！　やる！」と答えたものの、後々、決定事項やスケジュールを頻繁に変更する必要が出てきたり、たくさんのことを抱えてパンクしていることもあります。もちろんこれは、その時の彼女なりに十分考えた結果であり、また好意や優しさからのものであることは分かるのですが、「計画的で目標達成型」の私には、手数やかかる時間が多くなるので受け入れにくいところだったりします。

僕たちは、「ヨコの関係」を重視するということは、「ぶつかり合いがなくなるわけではなく、むしろ細かな違いに向き合う頻度が高くなることだ」と考えています。

お互いの個性を同じように大切にするため、必然的に、感情のこもったやりとりが多くなるんですね。そうする中で、すぐに解決・解消すればいいのですが、なかなかうまくまとまらないことも時々出てくる。そんな時には、お互いが話し合うエネルギーを使い果たしてしまって、だんだんと相手に対して雑になっていき、最終的にはケンカのようになったりする。我が家ではこれを「ヨコの関係疲れ」と呼び、注意喚起に活用しています。

もともとお互いが自分の要望を言語化することや伝えることも苦手でした。そのためしっかりとした話し合いが大切だと考え、我が家では週一回の家族会議が欠かせません。

価値観の不一致が起こるのは当たり前、それが目の前にあらわれた時に「どうすればお互いにとって良いか?」を考え、実際にどんな行動に落とし込んでいくかを一緒に考えます。

家族会議で決めたルールや、実践していることには、こんなものがあります。

●スケジュールの共有・10段階のレベル分け

お互いのスケジュールを共有アプリで見られるようにし、1が「今を楽しむ」、10が「効率を重視」といった数字を記載。夫である僕の「変化への対応可能性」を一目で妻が把握したり、事前準備を行なったりできるようにした。

●「味方探し」ではなく「時間増やし」

衝突があった時に余裕がないと、例えば「前にこう言ったよね」とエビデンス（証拠）

を突きつけようとしたり、「普通は」とか「あの人は」など一般論や他者意見などを味方につけ、自分がいかに正しいか争ってしまいそうになる。そういう状態に陥っていると気づいたら、「すぐにこの話題を終わらせたい」という気持ちを手放して、ひとまずその場は切り上げる。その後、「あらためてじっくりとその話題を取りあげる時間」をつくる。

このようなことを丁寧に話し合い、多少手間がかかってもお互いのため工夫し、生活に取り入れていっています。それもすべて2人で心地よく暮らすためですので、その努力は苦にはなりません。

その上でも最も大切なことは、「うまくいっている時は山ほどある」ということを思い出すことだと思っています。

トラブった時は、そのことに囚われ、それが夫婦関係のすべてだと思いがちですが、実は一緒に暮らしている時間の中で、ちょっとした認識のズレがあるだけのことがほとんどです。「僕たちはこれまで、もっともっと長い時間、うまくやってきている」ということを思い出し、「ヨコの関係疲れ」していないかを点検、そして、かける時間を調整することにより、「共感力を発揮できる自分たち」を取り戻し続けながら日々暮らしています。

先ほど、僕たち夫婦を「アリ」と「キリギリス」で例えましたが、自分は「地球」で、彼女は「太陽」だ、という感覚もあります。

太陽のようにたくさんの明るいエネルギーを持っていて、タフでどっしりとした存在である妻。そして、そのエネルギーの恩恵を受けて、彩り豊かな毎日を送ることができている地球である僕。ほどよい距離感や関わりを保っていることで「違いこそがギフト」と感じてお互いを活かし合うことができる。

僕は「妻が家庭の中心で輝けているか」、それが健全な我が家のバロメーターだと思っています。

第2節

ライフスタイルを見直すことで、全てが変わり始める

アドラーは『人生の意味の心理学』（アルテ）の中でこのような言葉を残しています。

結婚生活は2人が自分の性格の誤りを認め
対等の精神で対処していくのであれば適切に成し遂げることができる

私たちは「自分は劣っている」という感覚を、生来的に持って生まれます。成長の過程で、「マイナスからプラスへ」とその劣等感を補償しようと建設的に努力する人や、逆に他責を活用して、非建設的に努力の回避に勤しむ人のようにタイプが分かれます。

努力家、甘えん坊、マイペース、完璧主義者など、様々な性格（ライフスタイル）を形成する過程で、知らず知らずのうちに、ある**「おかしなクセ」を身につけながら、まるで「ニ**

セモノの自分」を演じ続けるかのようにして大人になっていく人がいます。このような人が結婚して愛のタスクに対処しようとしてもなかなかうまくいきません。

この節では、私たちが身につけてしまいがちなこの「おかしなクセ」の正体を明らかにします。そして、毎日の生活の中に小さな幸せを見出すことができる、平和な夫婦生活を手に入れることを夫婦の共通目標とした時に、どのように自分のライフスタイルを受け入れ、見直し、その使い方の工夫をすれば、夫婦の日常に現れる様々なライフタスクに建設的に対処できるようになるのか、その仕組みを解き明かしていきます。

アドラーの高弟、ルドルフ・ドライカースは『人はどのように愛するのか——愛と結婚の心理学』（一光社）という書籍で、幸福なパートナーシップと不幸なパートナーシップを図表3のように対比して説明しました。

幸せな日常を過ごす夫婦でいられるかどうかは、日々の生活に立ち現れるライフタスクに対して、夫婦がいかに共同体感覚を発揮し、協調しあってそれらに対処できるかどうかにかかっています。このとき、夫婦のいずれか、もしくは双方が、**不完全な部分を持つ自分に許可を出せずにいると、自己否定による劣等感からわき出てくる恐れを抱くことになります。**ここでいう恐れとは、例えば、理不尽に服従を求められたり、自分の存在を軽ん

図表 3 ｜幸福なパートナーシップと不幸なパートナーシップ

	幸福なパートナーシップ	不幸なパートナーシップ
基本的な信念	共同体感覚	敵対心
相手への視点	相手への信頼	不信と疑惑
自分への視点	自己信頼	劣等感
行動選択の源泉	勇気	恐れ

出典：『人はどのように愛するのか――愛と結婚の心理学』（ルドルフ・ドライカース・著　前田健一・訳／一光社）の記述内容を基に著者が一部を改変

じられたり、自分の貢献を正当に評価されなかったり、嫌われたりするのではないか？といった不安感に苛まれるような、実際には起きていない妄想に苦しむ状態を意味します。

人間には防衛本能がありますから、こうした不安感を持ち続けることを避けるために、自己防衛にエネルギーを注ぐようになります。攻撃は最大の防御、という言葉があるように、自己防衛で頭がいっぱいの人は、パートナーを仲間ではなく、敵とみなします。そして、相手に先んじて攻撃的になり、嫉妬心や憎しみの感情を奮い立たせ、主導権争いで常に勝とうとします。こうしたアプローチが続けば、当然、相手も自己防衛のために反撃に転じますから、競争的・競合的な関係性を選択するこのような夫婦は、その結果として平和とは程遠い、常時戦闘モードの不幸な日常を引き寄せることになります。

こうした夫婦関係に陥ることを避けるためには、脳内にわき上がる恐れと不安の妄想を手放して、心理的な安全性を自ら確保し、自分のライフスタイルを建設的に使いこなす勇気を持てるようになることが必要となります（図表4）。

その人らしい「思考のクセ」や「行動のパターン」の総称である「ライフスタイル」は、次の3つの要素から構成される「その人の信念の体系」です。

図表４｜ライフタスクに対してライフスタイルをどのように使えば良いのか

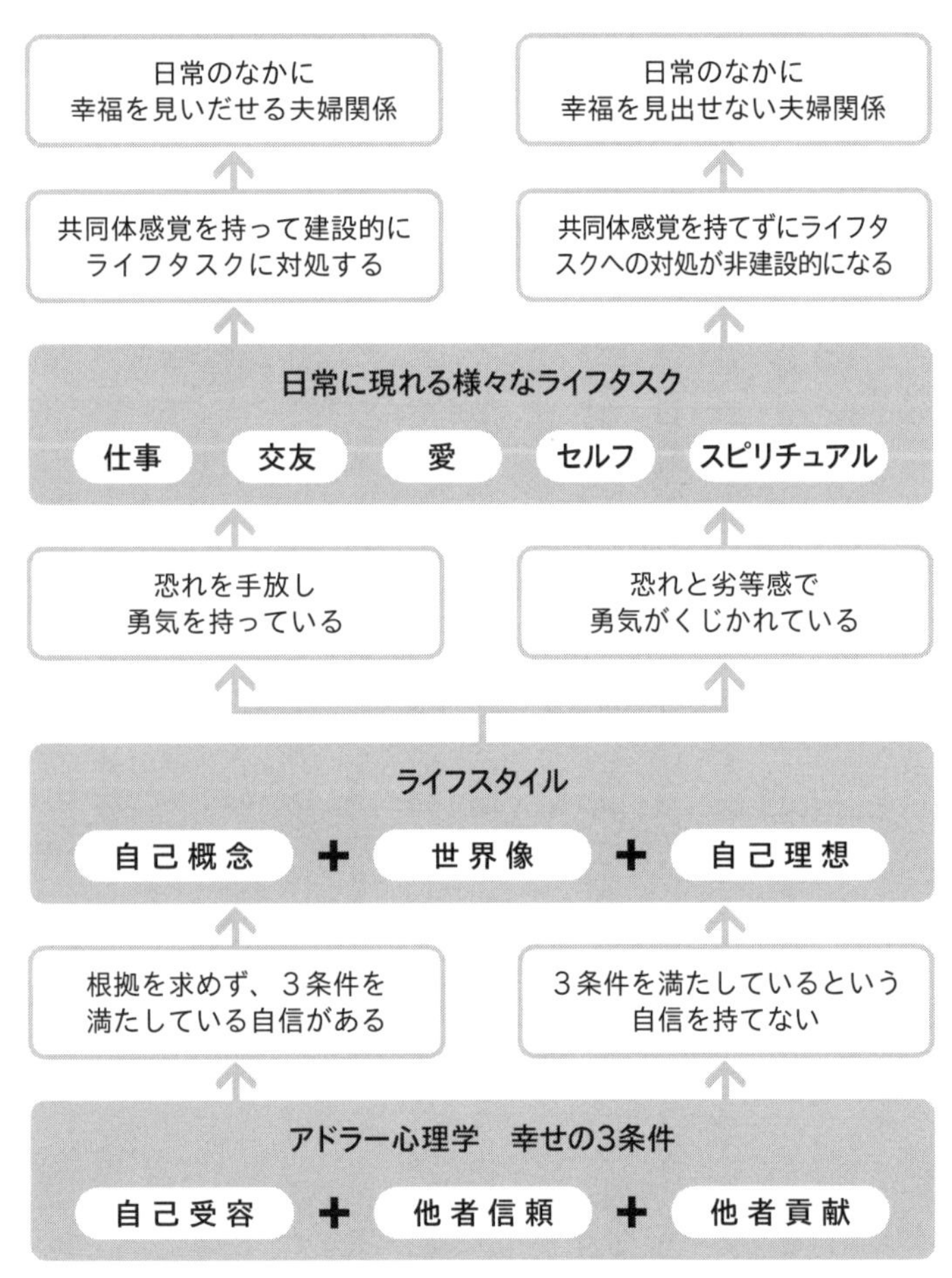

自分は生まれながらにして「幸せの3条件」を持っているという自分に対する根拠なき信頼（自信）を持つ、と決意することで、自分が選択したライフスタイルを勇気を持って建設的に使えるようになる。そうすれば、共同体感覚を発揮してライフタスクに対処できるので、日常の幸福を感じられるようになる。

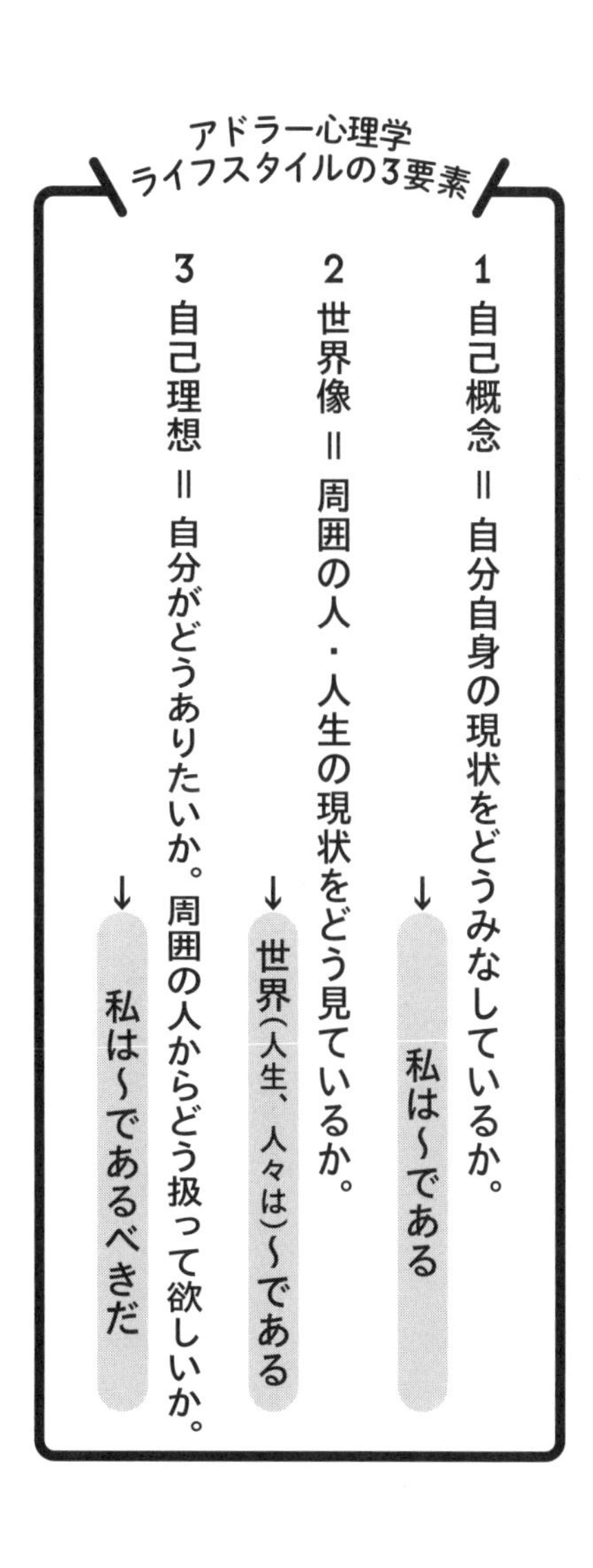

私たちは皆、自分自身の人生の脚本家であり、主役です。私たちはこの自作自演の人生のガイドマップの役割を果たす「ライフスタイル」という脚本を概ね10歳くらいまでに確定し、大人になってもその慣れ親しんだスタイルでライフタスクに対処しようとします。

ライフスタイルの形成過程で、その確立に影響を与える外部因子があります。遺伝などが身体的なもの、家族が共有する家庭の雰囲気や価値観、きょうだい関係・誕生順位などが関係することは、皆さんも自分や家族の性格を思い返せば納得できるでしょう。でも、そうした外部因子がライフスタイルを決めたのではなく、**最終的にその人自身がそのライフスタイルで生きて行く、と自己決定していることを忘れてはなりません。つまり、その脚本を書き直すこともまた、自己決定できるということです。**

ここで、子どもの頃からの「おかしなクセ」として、ありのままの自分ではダメなんじゃないか、という謎の罪悪感、謎の自己否定を持ってライフタスクに対処し続けていると、大人になってからの対人関係構築でやっかいなことが起きる、というわけです。

この「おかしなクセ」からわき出る恐れを手放し、勇気を持ってライフタスクに対処するために、実績や根拠は必要ありません。そこで求められるのは、当シリーズで繰り返しお伝えしている「アドラー心理学　幸せの3条件」を、自分は生まれながらにして持っているのだ、という「自分に対する根拠なき信頼（自信）」を持つことのみ、なのです。

アドラー心理学 幸せの3条件

- **ありのままの自分を認めることができる人が**（自己受容）
- **周囲の他者を信頼しながら**（他者信頼）
- **自己を犠牲にすることなく、他者に貢献する**（他者貢献）

結婚は天国ではありません。また、地獄でもありません。それは、なんでもない日常の連続であり、様々なライフタスクへの対処の繰り返しです。**この日常に幸福を見出せるかどうかは、夫婦が毎日、お互いの不完全さを許し受け入れること、愛という名の協調を選択するのかしないのか、という決意にのみ左右されるのです。**

あなたと同じライフスタイルを有する誰かはこの世に存在しません。パートナーは必ず、あなたとは異なるライフスタイルを持っています。そして、おそらく、惹かれ合う二人であれば、それはライフスタイルが大きく異なるからこそ、とも言えるのです。

ライフスタイルの異なる相手とパートナーシップを築き、ふたりで愛のタスクに対峙するとき、あなたの目の前には次の選択肢があります。

パートナーと対立し、競争するのか？
パートナーと共存し、協調するのか？

どちらを選択するのか、決定するのはあなた自身なのです。

コラム

アドラー心理学
実践インタビュー
2

夫は何と戦い続けているのか
恐れを手放し、自分をゆるす

匿名希望　Mさん

ある年の瀬、仕事の関係でプロフィール写真を撮りました。撮影された多数の写真の中から、お気に入りの1枚を選ぶ作業は楽しく、周囲の仲間とも相談し何枚かの候補を選びました。

最後に夫にも聞いてみると、意外すぎる一枚を指差します。「え〜、それ?」と言うと、「だったらオレに聴くな!」「いつもそうやってオレの意見を否定する! もう巻き込まないでくれ!」とすごい剣幕で怒鳴られました。

その一言で私たち夫婦は、長くて暗いトンネルに入りました。あれから2年ほどたち、今は少し光が見えてきたところです。

夫とはお互いが再婚です。結婚当初は何を話しても理解を示してくれて、私の望みをなんでも叶えようとしてくれました。だから「本当に私のことを、わかってくれる人だ！」と感じて結婚したのですが、徐々にぶつかることが増えて行きました。

夫はいわゆる理系男子で理性重視、自分の感情に気づくことが苦手で、ひとりを好むタイプ。私はやりたいことにはすぐに飛びつき、「もっと意見を言い合ったり交流した方がいい」と考えるタイプです。自ずとコミュニケーションにもズレが生じてきます。

夫が何かをしてくれたことに「ありがとう」と言っても「こんなの当たり前だ」といって感謝を受け取ってもらえなかったり、出かけ際に「行ってくるねー」と声をかけると「集中してるんだから、黙って行ってくれ！」と不機嫌になるなど、最初はなぜそんな返事になるのかと驚き、理解ができませんでした。

とはいえ、夫はまじめに働き、家事や家庭にもしっかりと関わってくれます。子どもの面倒もちゃんとみてくれますし、不倫も絶対していません（と思う）。つまり、表向きはとても大切にされている、ということもわかるのです。しかし何かが足りない、何かがズレているのです。私の欲しいものはそれではありませんでした。

そんな中、冒頭の事件が起こりました。そこで本当にこの人とはどう付き合っていったらいいのかわからなくなってしまったのです。

最初は、ごめんねと過剰に謝ったり、いろいろと何らかの行為をしてあげることで機嫌を取ろうとしていました。またその反対に、これまで頑張ってきたしこの結婚はもういいかなと、冷たい態度をとってみたこともあります。すると向こうからも妙に気を遣われたりして、逆に気持ち悪いなと感じたりもしました。

そんなこんなで関係は一時的によくなることもあるのですが、結局また夫がキレたり、私の心がパタンと閉じたりを繰り返します。お互いが関係修復に向けて努力しているのは分かるのですが、すれ違いは続きました。

私はたくさんのカウンセリングを受けて自分に向き合って来ました。

自分と向き合ってみてわかったことは、夫の機嫌が悪いのは夫の課題であり、夫の価値観も私には変えられない、ということでした。彼は彼で自分と向き合うしかなく、逆に私がなんとかしようとすればするほど、彼は私から見て「問題のある人」で居続けることになるのです。

だから私は自分の出来ることをしよう、自分の機嫌をとることに専念しようと思いました。すると本当に少しずつですが状況が変わってきました。

夫の幼少期のことは、彼があまり話したがらないので詳しく聴いたことはありません。しかし心を固く閉ざしていた彼が、そんな話を少しずつしはじめてくれたのです。

彼は、物心ついた時から母親が病気で、厳しい父親のもと育ちました。「オレは愛情らしきものをもらったことがない」と言います。

夫の数少ない小さい頃の写真を子どもたちと見ていた時、「パパ、いつも同じ服着てるね」という息子に対し、彼は「自分のことなんて誰も気にかけてくれなかったから……」と言っていました。父親亡き後も、きょうだいと相続などで相当揉めたとも聞きました。

そんな中「オレはずっと戦ってきた」と言います。彼はきっとそんな境遇と戦いながら大人になり、そして今の仕事での成功や家庭を手に入れてきたのです。

でも彼は今でも戦い続けているようでした。社会は「厳しいところ」で、人は「自分のことをわかってくれるはずがない」と感じている。だからひとり努力し続けることが、彼が唯一「自分はここにいる!」と表現する方法のようでした。そのために自分を叱咤し続ける必要があったのです。

いつも戦っているのだから、気持ちに余裕がなくなると、私からの言葉も「お前もか!」

と「攻撃や批判」に聴こえるのかもしれないと思いました。

夫は、きっとこんな「忘れたい過去」について話すことも、これまではできなかったのだと思います。そんな自己開示をしてくれたことが、大きな一歩だと感じました。

夫が最初の結婚生活を終わらせたとき、彼は家を飛び出してそのままなのだと言いました。彼は今、家を飛び出していないし、不器用ながらも私に心を開こうとしてくれています。


残念ながら夫は、私のカウンセリングや心の学びを何か怪しい宗教みたいに思っていたり、毛嫌いしている感があります。一緒に学んでくれれば、と思うこともありますが、彼はいつも世界を疑い「戦っている」のだから、「自分は正しい」し「負けたくない」のだと思います。

私は戦っているワケではないし、彼もそれは「理屈」ではわかっているのだと思います。しかし今の彼はまだ、歯を食いしばって抗ってきたあの頃のままなのかもしれません。

実は私も結構シンドイ家庭環境で育ちました。ああ、夫も同じ穴のムジナだったのだ。

そんな「自分の苦しさをわかって欲しい」をお互いで投げ合っていたのかもしれません。

いま、夫を許せるようになってきているのは、自分を許せるようになってきたからです。

また怒ってしまったり、凹んだり、がんばれなかったりと結構ポンコツな自分でも、まあいいか、そう思えてきたからだと思います。

そのままの自分でいい。だから今「変わりたくない」夫もそれはそれでいい。


以前、彼が「Mには何をしても賽の河原だ。積んでも積んでも崩れていく」と言っていたことがあります。でも彼が本当にすべきことは、自分をムチで叩いてまで全力で私や家族に尽くし、それにより「愛情」を人から手に入れようとすることよりも前に、自分が自分の心に「ゆるし」や「愛情」を積みあげていく方法を知っていくことなんだと思います。

でもそれは彼の課題、そしてそれはそのまま私自身の課題でもあります。


結婚を終わらせることはいつでもできます。それに、いま私が手を離してしまったら、本当に彼は一人ぼっちになってしまうかもしれない、という気持ちもあります。

だから自分の成長のためにも、まだしばらく向き合ってみよう、今はそう思っています。

第2章

父・母として、夫・妻として、子育てに向き合う

第1節 子どもの自立を信じて見守る

第2章では、父・母として、夫・妻としての、子育てへの向き合い方を考えます。アドラー心理学では、誰もがその年齢や立場といった属性の違いを超えて、相互尊敬・相互信頼に基づく民主的な「ヨコの関係」を構築することを重視します。夫婦間だけではなく、親子の間でも、家族のメンバー全員が「ヨコの関係」でコミュニケーションを取れるようになることを目指していくのです。なぜなら、それが、私たちが望む子どもの自立・成長や、幸せな家庭づくりにとって不可欠な土台となるからです。

アドラーは、子育てや教育の目的を「共同体感覚を育成すること」と表現しました。アドラーは「私に価値があると思えるのは私の行動が共同体にとって有益である時だけである」と述べ、また「自分に価値があると思える時だけ、勇気を持てる」と、共同体感覚と勇気が表裏一体の関係にあることを示しました。

自分の目の前にあるライフタスクから逃げずに、失敗を恐れずに立ち向かっていくために最初に必要な勇気は、不完全な部分も含めた「ありのままの自分」を自分自身が受け入れることができた時にわき出てくるものです。**自分の価値を確認するために、何か具体的な成果をあげたとか、短所を修正した、というような実績・根拠は必要なく、ただ、自己受容するだけで、自分で自分を勇気づけることができるのです。**

ライフタスクに対峙すべく対人関係に踏み出していく時に、自己受容の次に必要になるのが、その相手を信頼するということです。対人関係を構築しようとする相手を、敵ではなく仲間だと思えれば、その仲間と協力し合って課題の解決を図れそうだ、という気持ちになります。そして課題解決を通して共同体への貢献が確定することにより、自分の価値を追認できれば、より広範な対人関係を構築するための更なる勇気を持つことができるわけです。まさに「幸せの3条件（自己受容、他者信頼、他者貢献）」をなぞっていることがお分かりいただけると思います。

こうした他者とのやりとりの積み重ねが、子どもの成長を促し、子どもは自然に自立していくわけですから、子どもの成長と自立を望む親が何をしたら良いかは明確です。

子どもに自立を望むのであれば、親であるあなたは、どの子どもも、生まれながらにして無条件に「幸せの3条件（自己受容・他者信頼・他者貢献）」を持っていることを確信できるよう、日常生活の中でこの3つを繰り返し伝えていくのです。

自信とは、根拠を求めずに自らの可能性を信じ切ることです。自分は「幸せの3条件」を兼ね備えているということに自信を持てる子どもは、どのようなライフスタイルを選択したとしても、勇気を持ってそれを建設的に使いこなすことができるようになります。こうして子どもは、**自分なりのライフスタイルを共同体に貢献するように微調整しながら、様々なライフタスクに対処することができるようになっていきます。これこそが、自立した大人の振る舞いです。**

子どもは親の背中を見て育つとはよく言ったものです。言葉をどれだけ尽くしても、行動が伴わない限り子供に良い影響を与えることはできません。ですから、**親が子どもに成長と自立を望むなら、自身が日々の生活の中でライフタスクに対峙するときに、共同体感覚あふれる言動を選択し、自らが子どもに手本を示せば良いのです。そして、わが子もいつか共同体感覚を身につけられると、子どもを信じて見守れば良いのです。**

もちろん、親だからといって100点満点の完璧な姿を手本として示し続けることはできません。ここで求められるのはそのような完璧さではなく、むしろ、時に勇気がくじかれて不適切な行動を取ってしまったとしても、そんな不完全な自分を受け入れる勇気を持って立ち上がり、再びライフタスクに向き合う、その姿勢を見せれば良いのです。

親であれば誰もが、わが子の幸せを願いながら子どもと関わっています。しかし、時として、そうした善かれと思っての言動が逆に作用して、子どもの勇気をくじき、彼らの自立の足を引っ張ってしまうことがあるので注意が必要です。

子どものしつけや教育は、当然ながら親が責任をもって担うわけですが**「子育てとは、親である私が期待するような人間にわが子を仕立てあげること」というような考え方を過度に適用すると、親の望みとは裏腹の結果を招きます。**つまり、親はわが子の自立と幸せを望んでいるはずなのに、こうした関わり方によって、むしろ、子どもは自立的に生きること、自分らしく幸せを追求することに困難を感じるようになるのです。前節で述べたとおり、**ありのままの自分ではダメなんじゃないか、という謎の罪悪感、謎の自己否定を前提にしてものごとを捉える「おかしなクセ」を身につけた子どもは、自立的に生きる勇気を持てず、ライフタスクに適切に対処できなくなってしまうのです。**

もしかしたら、読者の皆さんが育ったご家庭は、アドラー心理学が目指している民主的な家庭環境ではなかった、という方が多いかもしれません。親は子どもに善かれと思って期待を押しつけ、ほめておだてて言うことを聞かせようとしたり、はたまた、怒りと恐怖で無理やり命令を受け入れさせようとしたりと、子どもを操作・コントロールすることに右往左往しているような環境です。子育てとは、そんなドタバタが当たり前だ、というような思考停止のもと、親が支配し、子どもが服従するという「タテの関係」でなんとかしようとするご家庭の方が、むしろ一般的だと言えるかもしれません。

連綿と続く儒教的な上下関係を重んじる価値観、家父長制に基づく「イエ」意識など、社会文化的な側面（それ自体が悪い、と言うわけでもありません）を考えればそれも当然でしょう。また、先の戦争で敗戦し、焼け野原からの復興を目指し、短期間のうちに経済大国に登りつめた祖父母や父母の世代のサバイバルの日々を想像すれば、そうした苦難の時代に民主的な家庭環境を求めることは現実的ではなかったようにも思えます。

アドラーは「与えられた環境が問題なのではない。それをどう捉え、どう使うのかが問題なのだ」と述べ、自分の意思次第で、劣等感を建設的な成長のバネにすることができることを明示しました。ですから、**もしあなたが非民主的な「タテの関係」を土台とする家庭環境で育ったとしても、これから先、その経験を活かしてどのような生き方、家庭の築き方を選択するかは完全にあなたの意思に委ねられていると考えて良いのです。**

子どもを自分の思い通りにしようという「操作の下心」が子どもへの関わりのベースにある時、親がどれだけ子どもの幸せを願い、「善かれと思って」そうしているのだ、と主張したところで、それが子どもへのリスペクトを欠いた、子どもの主体性と可能性を信頼しない、共同体感覚の欠如した振る舞いであることを隠すことはできません。そして、そうした主張や行動の裏には、勇気がくじかれた親の、恐れと不安と劣等感があることは明らかです。こうした親は、子どもに悪い手本を見せてしまっている可能性に気づいているのでしょうか。

子どもが言うことを聞かないと、感情的に怒ったり、精神的に追い詰めたり、時に暴力を使ったりして主導権を握り、子どもを服従させることに心血を注いでいるような親に出会うことがあります。もちろん、わざと子どもを傷つけようなどと思ってはいません。むしろ、子どもを愛し、その将来の幸せを熱望するからこその行動です。こうした親は、より建設的な関わり方があることを知らず、仮にそうした関わり方があることを知っていたとしても、そのやり方を学んでいないからできないのです。

ドライカースは、民主的な家庭では「請求権よりも拒否権が強い」と言いました。親子双方が、あるいはきょうだい間で、誰かが他者に「こうして欲しい」と何かを求めることができるのは当然です。一方で、そうした要求に対して拒否権を発動してNOと言う権利もまた、家族の全員が有しています。子どものワガママな要求に親がNOと言えるのと同じように、親の独りよがりな期待に子どもがNOと言うこともできるのです。**「請求権よりも拒否権が強い」というルールが、家族の全てのメンバーに平等に適用されるのが民主的な家族である、ということです。**

今、日本では不登校を選択する子どもが増え続けています。文部科学省「令和元年度児童生徒の問題行動・不登校等生徒指導上の諸課題に関する調査」の数字を見てみましょう。本調査の中で文部科学省は、当該年度間に連続又は断続して30日以上欠席した児童生徒数を「病気」「経済的理由」「不登校」「その他」の4つに分け、「理由別長期欠席者数（不登校等）」として公表しています。

この調査によると、小学校、中学校、高校の長期欠席者数は、小学校で9万89人、中学校で16万2736人、高校で7万6775人だそうです。この調査における不登校の定義は、「当該年度間に連続又は断続して30日以上欠席し、何らかの心理的、情緒的、身体的あるいは社会的要因・背景により、児童生徒が登校しないあるいはしたくともできない状況にある者（ただし、「病気」や「経済的な理由」による者を除く）」となっています。この定義にあてはまる不登校の数と在籍者に占める割合は、それぞれ小学校5万3350人（0・8％）、中学校12万7922人（3・9％）、高校5万100人（1・9％）となっており、その数は小学校、中学校で平成25年から前年比プラスを記録しています。

こうした傾向を問題視する見方もありますが、「子どもは毎日学校に通うのが当たり前だ」という、社会や学校、親が持つ暗黙の前提に対して、子どもたちがNOと言える環境が整ってきている、と捉えることもできるかもしれません。

私は、日本全体が、あまりにも生産性重視の考えに偏りすぎてしまったことにより、日本に住む多くの大人や子どもが疲弊しきっているのではないか、と考えています。

経済的に豊かになるという共通目標のもと、日本株式会社の一員として馬車馬のように働きまくるモーレツ社員のお父さんと、家事と育児をワンオペで担う献身的なお母さんが、もっと豊かに、もっと幸せにと頑張りました。そして子どもにはもっと豊かに、もっと幸せになって欲しいと願い、良い学校、良い就職、良い結婚と、結果を求め続けました。

そんな数十年を経験した今、生産性のみで評価されることに疲れきってしまい、何が幸せなのかもわからない人が溢れかえる社会になってしまったのかもしれません。

コラム
アドラー心理学
実践インタビュー
3

「怒る」ことしか知らなかった私
不登校と不出社の同時発生

和田博正さん

私は常に「怒り」で家族をコントロールしようとしてきました。

私自身、昭和の世代らしく、父と母から「怒り」でしつけられてきましたので、それが当然と思っていましたし、それしか他者と交渉する方法を知りませんでした。「怒っていれば言うことをきかせられる」と、今思えばなんとも乱暴な考えを持っていましたね。

家庭ではいつも不機嫌で、妻も息子たちも、「いつ怒り出すかわからない父」の機嫌を常に伺っている状態だったと思います。

夫婦で何か話し合いをする時も、すごい剣幕で「正論」をまくしたてます。嫁さんからは、「何を言っても正論で逃げ道を塞いでくる。だから従うしかなかった」と、今になってチクチクと言われることがあります。ああ耳が痛い。

小3の夏、長男の不登校がはじまりました。

長男は「おとなしくていい子」だと思っていたので、なんでこんなことになったのだろうと困惑しました。でも「怒れば言うことをきく」から、それを「いい子」だと勘違いしていたのだということは、あとになってようやく気づきました。

一方、次男は自己主張がはげしい「わがままな子」(だと思っていた)で、全然言うことをきかないため、よく感情的に怒鳴ってしまっていました。その姿を見て、長男はより父である私に従順であろうとしたのかもしれません。そうしたら学校へ行けなくなりました。

思い返してみれば、それまでも長男は幼稚園時代から「行きたくないよ……」といったようなことをボソッと口にすることがありました。でもその時の私は「学校は行くべきである」という考えに凝り固まっており、「行かなきゃダメだろ!」とビシッと叱ることで、息子はしぶしぶ言うことをきいて幼稚園や学校へ行っていました。だから私は「これが父の威厳だ」ぐらいに思っていたところがあったかもしれません。

そこから6年に渡り息子の不登校に向き合うことになりますが(※不登校と向き合った記録は前著『家族の教科書』インタビュー参照)、その頃、実は私自身が会社を休みがちになっていました。職場でパワハラにあっていたのです。私のように「怒り」を使う人は、「怒り」に弱いのだと思います。怒られることに極度の恐れや怒りを感じていました。

やがて気がつけば私も「うつ」の診断を受け、はからずも息子と同じ不登校ならぬ不出社の休職オヤジとなっていました。


嫁さんに子供のことを相談されても「自分のことで精一杯」「それどころじゃない」という状況でした。だから嫁さんは私に頼ることを諦め、「不登校の会」や「子育て系心理学」などの場で学び始めました。

すると嫁さんが「学校行けないことは悪いことじゃない」などと言い始めました。私は自分が苦しい状況ではありながらも、そこには同意できず「学校は行かないとダメだろう！」「もっと行けるように考えろ」と、まだそこでも怒っていたような気がします。


会社に行く目処もたたないある日、嫁さんからある本を手渡されました。それがあのアドラー心理学を有名にしたベストセラー『嫌われる勇気』でした。

その本に書かれた「感情はコントロールできる」「病気は自分で生み出している」とい

う2つのフレーズにアタマを殴られたようなショックを受け、この初めて聞く心理学に興味を持ちました。ただしそれは「そーなんだ!」という肯定的なものではなく、「そんなわけないじゃん」「怒りのコントロールなんて出来るはずがない」という懐疑的な思いからでした。

それから書籍をたくさん読み漁りました。時間はありましたので、東京のセミナーにも足繁く通いはじめました。

そんな中で、実は嫁さんが子どものために学んでいたものもアドラー心理学だったことに気づきます。実はすでに嫁さんは、息子にだけでなく、私自身に対しても「まあ会社行けないことは悪いことじゃない」「人生の休憩、そんな時もあるよね」という目でみてくれて、信じて見守ってくれていたことを知りました。

そこからは、とにかく真摯に学びに向き合いました。これまでと180度違うような考え方ばかりでしたが、子供にも妻にも、そして自分自身にも勇気づけを実践していきました。1年半の間に、足を運べるセミナーには行き尽くしていました。

「怒り」でしか自分の思いを表現できない中年のオジサンも、やっと人との付き合い方や、コミュニケーションとは何かを知ることができました。他者を尊重するとはどういうことかがアタマだけでなくカラダでわかってきました。

人と意見が合わない時も、その衝突の仕方や、自分の中での処理の仕方が大きく変わりました。

自分には自分の考え方があり、相手には相手の考え方がある。だからそれを伝え合い、尊重し、お互いがよりよいものを話し合って作って行けばいい。怒りでゴリ押ししてまで自分の考えをわかってもらおうとする必要はない。そんな当たり前のことが徐々に腑に落ちていきました。

感情についても「怒りのタネ」が自分に芽生えた時に、カラダの感覚で「あ、来たな」と気付けるようになりました。その場を離れたり、早口でまくしたてるのをゆっくりにしてみたりすることで、意外にコントロールできるものなのだなと体感で覚えていきました。

そして自分が両親に「怒り」で否定されてきたことから、「怒り」で自分の意見をゴリ押さないと聴いてもらえないと思っていたことにも気がつけました。嫁さんが勇気づけの態度で私の話を聴いてくれるようになってくれたことで、私も「怒り」による主張を必要とせず、自分の意見を自然に伝えられるようになっていきました。

学校についてもそんなに目くじらを立てなくてもいい、ということがよくよく分かりました。自分だって会社に行けていないのだから当然です。

当時は「学校に行けないのは、この子か学校に何かの原因がある。だからその原因を取り除けば学校に行ける」と思っていました。しかし親である私が、彼の気持ちを「怒り」で押さえつけてきたことが大きな一因だったのです。そして私は私で自分の気持ちを「自分への怒り」で抑え込んできたことから心を壊してしまったのだとわかりました。

嫁さんはこれまで何を言っても怒りで応えてくる私に「恐れ」や「あきれ」があったはずです。働けなくなったのなら見捨てられても当然だったかもしれません。でも幸い息子と向き合わざるを得なくなり彼女の学びが進んだことで、同時に私も救われたのです。

今となっては、当時、怒っていたという「事実」は覚えていながらも、なぜあんなに怒っていたのか思い出せません。妻ともなんでも話せる仲になれました。

私が今こうして会社に通えているのは、嫁さんとアドラー、そして息子のおかげです。

第2節

コミュニケーションは「わかってほしい！」のせめぎ合い

「男脳・女脳」のような脳のつくりの違いと男女の言動傾向の違いを取り上げた本や、『話を聞かない男、地図が読めない女』というようなタイトルで男女の違いを面白おかしく描写する本がよく売れます。私は、性別で人間を二つに分けて理解するのはジェンダー・バイアスにつながる可能性をはらんでいることから、実生活で異性と接する際に、この類の本の内容をやみくもに当てはめることには慎重でありたい、という立場を取ります。

しかし男と女がまったく異なる生き物であることも間違いありません。女性の性染色体がＸＸ型であり男性のそれがＸＹ型と異なることにより、性器のような器官が異なり、一部では脳に男女差があるという研究の結果もあります。また、男性ホルモン、女性ホルモンの分泌量が異なることや生理の有無が、男女の行動特性の差として現れるのは事実でしょう。

ただし、こうした生得的な性差は平均的な男と女の違いの傾向を示しているだけです。私の立場は、こうした平均的な性差だけをもって「男と女は違う」と主張することではありません。むしろ注目すべきはその先です。つまり、女性の中にも社会文化的に「男っぽい」と思われる特徴を有する人もいれば、男性の中にも「女っぽい」振る舞いを自然にしている人もいる、というように、**性別に関わらず、一人一人の人間はそもそもまったく異なる個性、ライフスタイルを有しているという点を大切にしたいのです。**

この節では、脳のつくりやホルモンの関係など、脳科学・生物学的な男女差や、社会文化的な男女の役割期待などに目を配りつつ、個体としての男女、つがいとしての夫婦それぞれのライフスタイルが異なることに軸足を置いて、では「どうしたら、ライフスタイルの異なる夫婦は仲良くやっていけるのか?」という問いに向き合ってみたいと思います。

コミュニケーションは「わかってほしい!」のせめぎ合いです。自分の思いをわかってもらい、同様に相手の思いをわかるために、人間は言葉を獲得しました。「言う」と「聴く」の繰り返しがコミュニケーションの本質です。**もし、夫婦間でコミュニケーションの課題を抱えているのであれば、相手を責める前に、自分の「言う(伝え方)」と「聴く(捉え方)」**

を改善してみる方が、よっぽど効果的に課題解決につながるでしょう。

幼少期からの、親やきょうだい、友達や先生といった周囲の他者とのコミュニケーションを経て、私たちは自分なりのライフスタイルを選択し、確立していきます。その時に、誰もが知らず知らずのうちに私的論理（プライベート・ロジック）を身につけてしまいます。前章で「おかしなクセ」と表現した、自己受容ではなく自己否定を前提にしたものごとの捉え方も、この私的論理のひとつです。

「人間は、自分流の主観的な意味づけを通してものごとを把握する（認知論）」のです。私的論理（プライベート・ロジック）というのは、社会通念上の常識的な範囲内のものごとの捉え方（コモンセンス）から逸脱するような、その人独自の偏った主観のことです。

自分ひとりでは解決が難しいと感じる課題を抱えたクライアントが、カウンセラーの元を訪れます。**カウンセラーは、クライアントの訴えを傾聴しながら、クライアントの私的論理を抽出し、より共同体感覚を伴う他の選択肢と並列して提示します。カウンセラーの仕事は、クライアントが自分の意思で新たな選択肢を採用する援助をすることです。**

カウンセリングに訪れたクライアントが訴えることを単純化すれば「いかに、自分がかわいそうで、困った状況に追い込まれている被害者なのか」ということと「そのような状況に自分を追い込んだ相手が、どれほどひどい加害者なのか」ということです。
実際には、**どちらか一方だけに被害や加害が偏っていることは限りなく少なく、この主張自体に、そのクライアントの認知の歪み、私的論理が潜んでいるわけですが、当の本人はそのことに気づいていません。**夫婦や恋人同士のカップル・カウンセリングであれば、お互いに被害者と加害者を入れ替えて同様の主張をしてきますから、厄介です。
そこで、カウンセラーである私は、次のようなカウンセリングを実施する上での約束ごとを提示し、クライアント双方がこれに同意した場合にのみ、カップル・カウンセリングを実施することにしています。

「私がどちらか一方の味方になることはないから、自分の主張への同意を求めない」

「私を含めて人間は全て、思い込みの動物であるから、私のカウンセラーとしての仕事の多くは、『そうかもしれないけど、別の見方もあるかもしれない』と提示することである」

「心理的なアプローチの他に、必要に応じて、脳科学、性科学、社会学、動物行動学など他の領域で発見された情報も提供することで、クライアントが愛のタスクの捉え方を見直したり、対処法の選択肢を増やしたりする手伝いをする」

「関係を修復するのか、終わりにするのか、どちらかに優越をつけることはない。結論がどちらになるにせよ『どうしたら、双方が気持ちよく、納得して〈修復／別離〉を選択できるか?』を軸にして対話を重ね、道筋を見つける手伝いをする」

こうして、カップル双方がクライアントである私とカウンセリングの目標を一致できてはじめて、効果的なカウンセリングをスタートする土台が整います。**日常生活の中で直面する様々なライフタスクに、より建設的に対処できるようになるために、カウンセラーのサポートを受けることが、日本でももっと市民権を得て良いはずです。**

男女の生得的な性差に対する無理解や、それに起因するジェンダー・バイアスを頑固に保持したまま、「どうやったら、相手と仲良くできるか?」という共同体感覚を伴う解決策を考えつくことは困難です。ここでは、男女の違いに関して、私たちが見落としがちな事実を整理して提示することで、読者の認知の歪みの修正に貢献してみたいと思います。

「あばたもえくぼ」とは、恋をすると相手の欠点も長所に見える、という、誰もが陥る「恋愛の魔法」のことで、典型的な認知の歪みを表した秀逸なたとえです。人類学者ヘレン・E・フィッシャー博士のベストセラー『愛はなぜ終わるのか――結婚・不倫・離婚の自然史』（草思社）では「愛は4年で終わる」と、恋愛の魔法の有効期間が明示されています。自然の中にある動物界では、オスとメスの関係は生殖時期の一時的なものだそうです。自然界の営みを人間に当てはめると、より生存能力の高い子孫を残そうとして、男女それぞれが性ホルモンの力を活用してパートナーを探し、生殖活動を経て出産し、ある程度子どもが育つまでの最短期間が4年程度、ということなのかもしれません。

ホルモンとは体内の特定の器官で合成分泌され、血液など体液を通して体内を循環し、決まった細胞でその効果を発揮する生理活性物質のことをいいます。100種類以上あるというホルモンの中には男性ホルモン・女性ホルモンと呼ばれる性ホルモンもあれば、興奮したときに出ると言われるドーパミン、アドレナリン、幸せホルモンとも呼ばれるオキシトシンなどもあります。

男女両方の子育ての経験者には当たり前のことでしょうが、家庭内や幼稚園・保育園で「男の子らしく」「女の子らしく」といった社会文化的なジェンダー役割を押しつけられるよりも前の新生児の時点で、すでに男女の違いははっきりしています。男女の違いは、受胎8週目からY染色体を持つ男児のテストステロンという男性ホルモンが急激に増加することから始まります。生後9ヶ月にわたって成人レベルと同等のテストステロンにさらされる男児に対して、女児はさらに長い24ヶ月にわたって成人女性に匹敵する大量のエストロゲンという女性ホルモンの影響を受けるといいます。

第二次性徴期を迎え女性の生理や男性の精通が始まる頃には、男女の体や脳の働きは性ホルモンの影響をさらに受けることになります。特に、女性は28日の生理周期の前半はエストロゲンが大量に分泌される結果、脳が活性化され穏やかで記憶力なども向上するのに対して、後半はプロゲステロンが卵巣から大量に分泌される影響でいらだちが募り、集中力が減退し頭の回転が鈍くなったように感じることがあります。

このような女性ホルモンによる脳への影響を受けない男性が、毎月、気分の大嵐に2週間ごとに対応している女性を理解せずに、女性も自分と同じような安定した状態で日々を過ごしているはずだ、という間違った思い込みで配慮に欠けたコミュニケーションを図ろうとすれば、問題が起きないわけがありません。

全く同じように、女性は自分の気分の上下や体調の変化の状況を男性に丁寧に説明する必要性を考えなければなりません。そうした試みをせずに、ただ「なんで説明しなきゃわかってくれないの！」と男性を責めたところで事態は一向に改善しないでしょう。

男女は生得的に異なります。その上で、それぞれ異なるライフスタイルを持ったふたりが、自分とは異なるからこそ惹かれあい、パートナーになるのです。**ホルモンの力を借りた恋愛の魔法期間が終わったあとも、良好なパートナーシップを継続するためには、信頼と共感に基づく協調的な関わりを継続しようという覚悟が必要になるのです。**

信頼は相手が信じるに足る人であるかどうかにつき、根拠を求めません。無条件で、相手を自分の仲間である、仲良くできる人だと信じる点で、条件を設定する信用とは明確に異なります。共感は、相手の主張に同意するかしないかとは関係ありません。共感は、ただ、相手の関心に関心を持ち、自分の意見と異なっていても、それを一旦脇において、相手の目で見て、相手の耳で聴いて、相手の心で感じてみる作業です。

あなたとパートナーとの間に何か問題が発生した時に「どうしたら、私はあなたと仲良くできるのか？」というシンプルな問いに立ち返り、自分も相手も同様に大切にしながら、なんとか協力しあって納得できる落とし所を見つけようとする姿勢、つまり共同体感覚を、まずはあなたが先に実行するしかありません。パートナーは敵ではなく仲間なのです。

コラム
アドラー心理学
実践インタビュー
4

夫婦で子育ての価値観が違ってもいい
双方に自己決定性を認めあう

鶴田恵美子さん

私は戦後まもなくの生まれです。ウーマンリブ運動など女性解放へと向かう時代の流れの中でアドラー心理学と出会い、30年以上もそれを伝え続けています。

私は子連れでの再婚で、夫は27歳の若さで突然2人の父親になりました。

夫は自身の親との関係に不和があり、自分の子どもにはそんな辛い思いはさせないと決めていたのだと思います。協力して家族を作っていきたいという強い想いを持ってくれていましたので、子どもたちとの関係については最初から安心して任せていけると思いました。

とはいえ、私は自由奔放な性格で、彼は真面目で実直と、真反対とも言える性格です。そんな価値観の違いの中での子育てには、様々なことがありました。

娘が中学生になった時、自分から望んで塾に通いはじめました。私は子どもの気持ちにまかせ「行きたいなら行けばいい」と思っており、夫はといえば「行くならしっかり勉強するんだぞ」と喜んでいるようでした。ここにも大きく夫婦の価値観の違いが出ていたと思います。

そんなある日、娘が塾から夜遅く帰ってきたことがありました。普段であれば21時には帰ってくるところ、居残り勉強があったようで、連絡もなく22時も過ぎた時間に帰宅しました。夫はすごい剣幕で「なんでこんなに遅いんだ!」「こんな遅く帰ってくるのなら塾通いは認めん! 辞めてしまえ!」と玄関で娘を怒鳴りつけました。

私は娘に対しては全然心配していなかったのですが、その時は、理不尽に怒鳴りつけた夫に対して怒りがわき、「塾ってそういうものでしょ!」「あなただって一生懸命勉強しろと言ったじゃない!」と言い争いになりました。

娘はそれを見て、自分のせいで両親が喧嘩になったと胸を痛めたようでしたが、そんな娘に私はこう伝えました。

「あなたが塾に行きたいと言ったのだから、遅くなったことを説明し納得してもらうのはアナタがすべきことです」「お母さんは塾に行くことに反対もしないし賛成もしません」

「お父さんとお母さんの考え方は違うと思うけど、遅くなったら怒られるということも含め、あなたが判断して決めてください」

　すると彼女は「怒られてもいいから塾を選ぶ」といって、父親を説得し門限などの決まりごとを決め塾へ再び通い始めました。娘も父親の価値観がこれからの自分にとって必要だと判断したのでしょう。


　私はアドラーを学び、さらに当時は「自己決定」をことさらに重んじていましたので、このようにちょっと突き放し気味ぐらいに「自分で決めてもらう」というスタンスでおりました。

　夫は一般的日本人としての典型的な考え方の持ち主なので、「母親とはこうあるべき」というものが必ずあったと思います。もっと親は子どもにかかわるべきだし、指導介入することが愛情だという考えがあったと思います。

　しかし、時に衝突する時はあれ、彼が私にそれを強制するということはありませんでした。ですので私を尊重してくれていたことにはとても感謝しています。

　とはいえガマンはしていたのだろうと思います。でもそれさえも、私がまったく意に介さず「ガマンもどうぞご自由にしてください」という〝ふてぶてしさ〟があったので、ただ諦めていただけかもしれませんが（笑）。

アドラー心理学では子育ての目標は「自立」と「社会との調和」です。つまり子ども自身が自分で考え、自分で選び、自分で責任を持って生きていくことを、人生から学んでもらうことです。親はその援助をします。

だから子育てしていて親の価値観が違っていても、どの価値観を選ぶかは子どもの自由。何も同じである必要はありません。

私は自身のセミナーの中で、「夫婦で価値観が違うということは、子どもにとってすごくいい環境だよ」と伝えています。子ども的には親の間で板挟みに合ってしまう、ということもあるかもしれないけど、全部ひっくるめて自分で決めていくことを学んでもらえたらと思っています。

アドラーを学ぶと、一般的な価値観とは違い、まさに目からウロコが落ちるような体験や感動をされるお母様が多いと思います。するとどうしてもその考え方や価値観を夫や姑にも一緒に実践して欲しくなります。もちろん取り組んでくれたらとても助かるとは思いますが、相手が採用しようとしない場合、それを強要することはできません。

夫には夫の「よかれ」があり、私には私の「よかれ」がある。子どもに不幸になってもらいたい親なんていないのです。だから意見が違っても、その違いを受け入れることを覚えていくことが大切になってくると思います。


とはいえ、アドラー心理学には興味を持ってもらいたいというのは正直なところ。それには夫が読みそうなところに本を置いておくしかないいんじゃないのかしら(笑)。

私は、アドラー心理学自体を直接話題にするのではなく、日頃の会話の中に、アドラー的な考え方をチラッと取り入れながら、家庭に浸透させるということを意識してやってきました。

テレビ、ニュース、親や周囲との人間関係などなど、材料はいっぱい転がっています。

「強いること無く関心を持ってもらいたい」と思ってきました。

もちろん、あまりにも意見が違って喧嘩ばかりという場合は、「話しあう」という方法はあると思いますが、私は、話すことをせず強行突破でそれをやり続けてきました。結局、夫はアドラーには全く興味を示してないどころか距離を持ち続けてますけどね（笑）。でもそれでいいんです。私の強気を尊重してくれているのは、伝わってきますから、感謝しかありません。

セミナーでは「子育ては覚悟だよ」とも伝えています。

自分がこうだ、と思ったことは覚悟を持ってやり続ける。逆に子どもってそれぐらいの「親の力を引っ張り出すチカラ」がある。そうやって夫とも子どもともお互いにぶつかりながら成長していく。私は子どもと夫がいてくれたおかげで本当に成長できたと思っています。

人は違う部分があるほうが、尊敬出来る部分がたくさんあると思えます。うちの夫婦みたいに違いすぎると、逆にいいところを見ていないと一緒にいられません（笑）。

その一方、彼は何事にも真面目に取り組むので、自分の至らないところも痛切に見せつけられます。いつもイタタタと反省しまくりです。

夫婦とはなんなのか、未だにわからないと思っていますが、こうやって違いを認める器を広げていくもの、お互いが成長しあう関係をつくることが「目的」なのではないかなと、いまでは思っています。

第3章

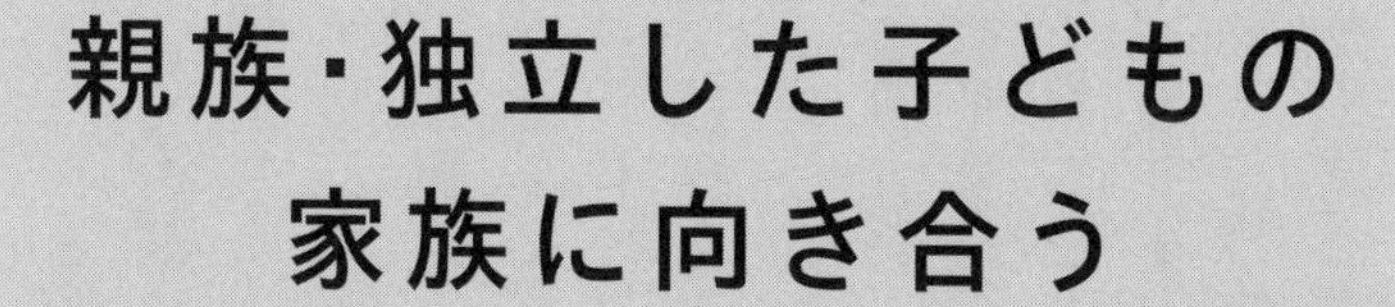

親族・独立した子どもの家族に向き合う

第1節

ライフタスクの対処に不可欠な「課題の分離」

日本の若者は今、結婚したくても結婚できない「結婚困難社会」に生きていると、中央大学文学部人文社会学科の山田昌弘教授は分析しています。日本の歴史を振り返ったとき、「結婚」という社会的な制度の持つ意味は、どのように変化してきたのでしょうか。

長年に渡って日本の家族や結婚の研究を続け、「パラサイト・シングル」「婚活」という流行語を世に提示した山田教授は、その著書『結婚不要社会』(朝日新書)で、近代化以降の社会では、結婚という制度がいくつかの矛盾を内包するようになった結果、結婚相手を見つけることが困難になり、今後、結婚そのものを不要とする社会が出現する可能性を論じています。同書の論点を簡単に整理して紹介しましょう。

日本の社会全体が、近代化の特徴を備えるのは、社会の民主化、仕事の工業化・産業化が進んだ戦後、すなわち今から75年ほど前のことになります。

フランスの文化人類学者、クロード・レヴィ＝ストロースは「結婚は生殖相手を親族間で交換するイベント」と前近代的な結婚の特徴を指摘しました。前近代社会では、男性、特に長男は親の仕事を継ぐ選択しかありませんでした。女性は、自分の父親と似たような仕事を持つ家に嫁入りする結果、自分の母親と似たような生涯を送ることになります。**現代の私たちからみると、個人に選択肢が与えられていない状況に息苦しさを感じるかもしれませんが、一方で前近代は仕事が生涯にわたって保証され、自己のアイデンティティーが安定していた社会だったとも言えるでしょう。**

近代社会の最大の特徴は社会の個人化の進展です。結婚する二人の意思よりも、所属する親族間の都合が優先された前近代に対して、近代社会においては、結婚は新しい家族を形成するイベントとなり、自分の好む性的なパートナーと家庭を築くという、個人の欲求充足や自己実現の手段となっていきました。

このような変化を遂げる中で、社会と結婚制度は矛盾を抱えるようになり、それが結婚困難社会の出現につながっていると、山田教授は指摘します。

ひとつめの矛盾は、結婚やそれに続く出産は、あくまでも個人的な選択であるとする社会が、一方では、それを構成する人々を再生産してほしいという都合を持って、結婚と出産を若者に求める点だといいます。人口減少による税収減に悩む地方自治体が、こぞって婚活パーティを主催するような事態になっているのはその証左でしょう。

もう一つの矛盾は、家の都合から解き放たれ恋愛によって結ばれたカップルが、恋愛と生活の両立の難しさに直面する、というものです。伝統的な家業が衰退して工業化・産業化が進んだ近代社会では、多くの人がサラリーマンとして働くことになります。どんな業種の会社で働くのかという職業選択の自由が手に入った一方で、家業に頼らずに自分で仕事を見つけなければ生活が保証されない社会になったわけです。好きになっても双方の経済力が不安定な中で結婚するのはリスクが高いと感じる人は多いでしょう。

前近代は、選択肢がなく家に縛られていると同時に、生涯に渡って自分の居場所があったという点で、自己のアイデンティティーは保証されていましたが、**近代になると、そもそも「自分の人生とは？」「生きる意味とは？」「自分の生きがいとは？」「自分は何者なのか？」といった根源的な問いに向き合って、アイデンティティーを自分で確立しなければいけなくなったのです。アドラーが生きていた時には注目されなかった「セルフ**（自己）**のタスク」が近年になって追加された背景はここにあるのではないでしょうか。**

近代化した社会のもう一つの特徴は「男女の役割分担の固定化」にある、ということが社会学や経済学の観点から指摘されています。『結婚と家族のこれから――共働き社会の限界』（筒井純也・著／光文社新書）や『家族の幸せの経済学』（山口慎太郎・著／光文社新書）から筆者が得た知見を以下にまとめてご紹介しましょう。

人間にとって食べていくことが必須である以上、経済力を持った者が権力を持つのは自然の成り行きです。日本は8世紀頃に律令制を導入し、天皇を頂点にしたピラミッド構造の縦の組織体制と法律で、中央集権的な国づくりを選択しましたが、この時からセットになって日本社会に浸透したのが、経済力のある男性が優位な地位を占める家父長制の元、母子が従属するという縦の家族関係です。

何世代にも渡って連綿と受け継がれてきたこの家父長制と男性優位の価値観は、驚くべきことに令和時代になっても、まだまだ根強く、日本社会の価値観のベースにあります。人の意識・価値観・文化というものは、急には変わらない側面を持っていることは間違いなさそうです。私たち親の世代が、次の時代を担う子どもにジェンダー・ステレオタイプに基づく価値観を押しつけ、引き継がせようとするのか、自分たちの世代でこれを断ち切るのか、選択を迫られていると言って良いでしょう。

なぜ人は結婚するのか、あるいは、しないのか、という問題を経済学的にみると、男女が助け合って夫婦になり家族を形成することの経済的メリットが、結婚することにより発生するコストを上回るかどうか、がポイントになるということができます。

現代社会の結婚によるメリットは（1）費用の節約（2）分業の利益（3）リスクの分かち合いにあります。独身の二人が結婚して同居することで、家賃、光熱費、食費などの生活コストが効率化し費用の節約を実現できます。労働市場における給与が高い男性が外で働き、女性が家事や育児を担うという分業の利益を、戦後からバブルが崩壊するまで、短期間とはいえ、多くの昭和の家庭が享受しました。そして、その価値観が今なお、私たちの中にジェンダー・バイアスとして根強く残っていることは見逃せない事実です。一人で生きていくよりも、二人の方が病気や失業といったリスクに対応しやすくなるのも、わかりやすい結婚のメリットです。これらの便益が、結婚による負担感・コストを上回る限り、人は結婚を希望し、結婚後もそれを継続しようとすると、経済学では考えます。

日本は、飛鳥時代から続く家父長制の価値観を土台に、戦後の工業化・産業化の急激な進展を支えるために、家庭内分業の利益を最大化すべく、男性の長時間労働と女性の家庭内無償労働の組み合わせを最適化する社会システムを構築しました。戦後3世代に渡ってこの仕組みに慣れ親しんでしまった我々は、結婚に、愛情と同列で（人によってはそれ以上の価値をおいて?)、男性の経済力を求めるようになりました。インターネットで結婚相手を見つけるマッチング・サイト事業者によれば、女性は自分の経済力の高低に関わらず、ほぼ必ず、自分よりも経済力がある男性かどうかで、検索対象を絞り込むそうです。

男女共同参画社会の実現、女性活躍推進、働き方改革、男性の育休取得義務化など、男女平等な社会を実現しようという動きがある一方で、バブル崩壊後30年以上続く停滞の中で、女性は幻のような「経済力のある男性」を探し求めます。そして、稼ぎの悪い男性が結婚の対象外となって苦しんでいるのが、現代社会のリアルなのかもしれません。

もし今後、女性の活躍する場が増え、男女平等社会がより現実化するとしても、それが「女性が男性同様にバリバリ働きまくる」という方向に進むことを意味するのであれば、その先に私たちの幸せはあるのだろうか?と疑問を呈したくなります。**これから先もまた男女が共に「生産性の呪い」を解かぬまま、経済至上主義を前提に長時間労働で疲弊し、セックスする余力も残っていないような夫婦が増え続けるなら、少子化の解決も、幸福度の改善も期待することはできません。**私たちが、どのような社会を築きたいのか?ここでも、私たちの選択が問われています。

さて、**近代化以降の日本における結婚を取り巻く事象を社会学的、経済学的に分析する**

と、戦後復興からの高度成長、バブルの崩壊、その後の底なしの平成不況と激変する経済状況に、家父長制的な意識や、男女の役割分担意識とジェンダー・バイアスが根強く残る社会が追いついていない、ということがわかりました。

結婚は二人だけのものではありません。そこには、双方の両親や親族、きょうだいの存在があり、その裏には双方の家族が所属するコミュニティの歴史や文化・風習があります。そのような環境下で、主役である若い夫婦の意向とは別に、親や親族があれやこれやと手を出し口を出し、そうした親族づきあいに疲れた結果、夫婦関係まで悪くなる、というような悪循環に陥る夫婦が、私のようなカウンセラーの元を訪れるのです。

アドラー心理学をベースにカウンセリングを行う私は、このような相談を受けたときには必ず「課題の分離」という考え方を生活に取り入れることを提案しています。**「課題の分離」は日本のアドラー心理学の中で確立した考え方ですが、「その課題はだれの課題か?」をふまえ、自分の課題に取り組む一方で、他者の課題にはむやみに介入しないという、他者との距離感の取り方の原則を示したものです。**

「他者の課題には、おせっかいを焼かない」「他者の課題は、まずは信じて見守る」「自分の課題には、他者の介入を認めない」「自分の課題を他者のせいにして、依存的な解決を求めない」「自分の課題は、自分で解決しようとする」といった態度を言います。ライフタスクへの対処に「課題の分離」を適用する方法を図示しました（図表5）。

ここで、「図表2」を見直しながら『人生の意味の心理学』（アルテ）でアドラーが残した言葉を振り返っておきます。

これらの三つの課題は、決して他の問題から切り離されて起こることはない。それらはすべて互いを超えて影を落とし、一つの問題の解決は、他の問題の解決に役立つ

夫婦の「愛のタスク」は、親族づきあいなどその他のタスクと密接に絡み合っているからこそ、「課題の分離」を適用すれば、その効果は大きいと言えるでしょう。

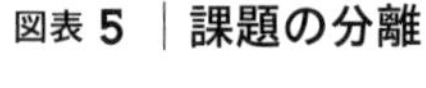

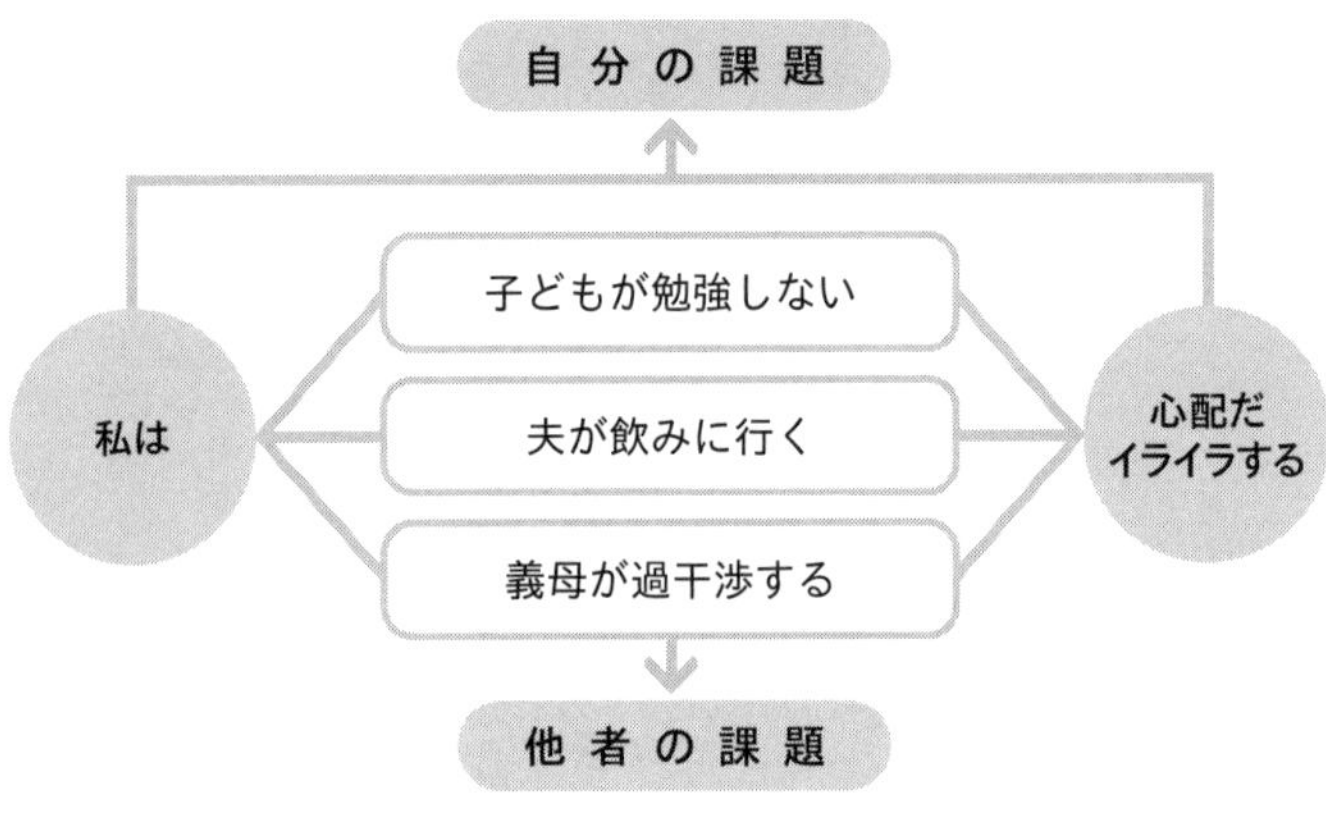

ライフタスクは、図のような2層構造になっています。「課題の分離」を理解しないと、次のふたつの典型的な過ちを犯しながら、タスクに対処しようとしてうまくいかずに困ることになります。

(1) 本当は「他者の課題」なのに、それを「自分の課題」だと思って対処しようとする
(2) 本当は「自分の課題」なのに、それを「他者の課題」だと思って主体的に対処しない

子どもが勉強せず、志望校に受からないのは、子どもの課題です。夫が夜遅くまで飲み歩き、翌日二日酔いで仕事できないのは、夫の課題です。義母が過干渉してきて、嫁から疎まれる結果は、義母が引き受けるべき、義母の課題です。それなのに、これら「他者の課題」を全部、自分でなんとかしなきゃ、と、対処していたら、世話の焼き過ぎ、おせっかいと捉えられ、墓穴を掘るだけです。

一方、「心配している、イライラしている」のは誰なのか?という主語に注目するとそれは「自分の課題」だということがわかります。確かに、自分の心配やイライラの原因は他者にあるかもしれませんが、だからと言ってその解決を他者に迫ったところで「あなたが余計な心配しているだけだ」「自分のストレスは、自分でなんとかしてよ」と言われるのがオチです。

「他者の課題」には、土足で介入しないで、まずは「他者が自分で対処する」と、信じて見守りましょう。「自分の課題」は他責にせずに、心配性や短気な自分のライフスタイル（性格）を見直しましょう。双方で課題解決に協力し合う「共同の課題」は図表6を参照してください。

コラム
アドラー心理学
実践インタビュー
5

私、嫁から卒業します
課題の分離を使ってみたら

匿名希望　Tさん

私は、22年前、地方の慣習を重んじる本家の長男に嫁ぎました。いや「嫁いでいました」というべきでしょうか。

今から1年ほど前に「私、〝嫁〟を卒業させていただきます」と義父母に伝えました。義父母は同じ敷地内の別棟に住んでいますが、それからは挨拶や必要な連絡程度の最低限の付き合いとし、今に至っています。

私が卒業宣言をしたとき2人は「どういうことか?」と言っていました。「卒業する」とは「離婚する」と思ったようで、なんで離婚しないんだと、未だに夫には言われているようです。今は、嫁としての行動を何もしていませんが、気持ちはとてもスッキリしています。

夫とは私が働いていた横浜で知り合い20代で結婚。結婚後1年で夫の地元に戻り、ほどなくして義父母と同居することになりました。夫はもともと地元に戻り家を継ぐ予定でしたので、私の結婚もそれを承知の上でした。

私は、自分の親との関係の中で、「いい子じゃないと認められない、愛されない」「ありのままの自分ではいけない、受け入れてもらえない」と感じながら育ってきました。そんな私でしたので、当然のように夫の実家では、義父母、親戚筋が望む「良い嫁」になろうと努めました。でもこれがとても苦しかった。

お盆は2回、お正月は3回、親戚のために朝から晩まで姑とごちそうを作ります。私のお膳は台所。宴会の場ではお酌まわりで、お酌をしないと厳しい顔で睨まれます（当時の私にはそう見えただけかもしれない）。後片付けは女の仕事、男は飲んでいるだけの男尊女卑の家でした。

ほかにも、嫁として求められることは膨大にあり、ただ上から命令されるので何も言えませんでした。結婚して1年経ったころには、「何でまだ子どもを作らないのだ！」と夫と2人でこんこんと説教されるということもありました。

ある時、義母から、「あなたは小柄だから私を介護するの大変ね」と言われ身震いしました。介護することが当たり前、この家で丁稚奉公のように働くのが当たり前、この人たちはそんなふうに考えているのだ！　思えばその時から、仲良くすると大変なことになると本能的に感じたのだと思います。

そこから私は彼らを無意識にも敵認定し、あらゆることに反抗的な態度で接するようになっていきました。仲良くなってはいけない、嫌われることが私の「目的」なのだから、好かれては困るのです。

実は私は、少しだけこんな状況になるという予感を持っていました。なぜならば私の母の実家が同じような境遇だったからです。あんなに家にしばられて、お母さん大変そう、かわいそう。そんな母を見て私は「いい子でいなきゃ」と思ったのですが、それがそのまま夫の家での「いい子」になっていたのです。

「母親みたいになりたくない」という想い、そんなことを思っている自分への罪悪感、母を苦しめた因習への憎悪と反抗心、さまざまな感情が入り混じり、それが「いい子」の殻を破って出てきました。

とはいえ、夫の両親は私に対して直接文句や意見をするということはあまりせず（突然怒鳴りつけられることはよくあったが）、その矛先はいつも夫に向かっていました。夫にとっては私との板挟みで苦しい立場だったと思います。

しかし残念ながら、夫も親の言うことをきいて育ってきた「いい子」です。当然親の言うことを聞くべきだと私に押し付けてきました。「性格変えろ」とよく言われましたね。

でも彼も本当は、「これは違う」と思っていてもどうしたらいいか、わからなかったのかもしれません。親を変えるのは到底ムリだから、私を変えるしかないと思ったのだと思います。「もっと親に優しくして、親のいうことを受け入れてくれ」と求められました。

そんなある日、夫が「このままだと俺はウツになる。死にたい」と言い出しました。それで私は「この人を私が助けなきゃ」と思います。今思えばそれがバカだなと思うのですが、「あなたの息子は私たちの間に挟まれて「死にたい」と言っているから、これからは直接私に言ってください」と義父に直談判に行きました。

当時は既に子育てのためにアドラー心理学を学んでいましたので、なぜだか話せば「わかってくれる」と思っていたのです。他者信頼モードで勇気を出して行きました。

でも見事にこっぱみじん。義父には今まで20年間たまっていたうっぷんを全部ぶつけられ、理不尽な怒りで一方的に罵倒されました。「え、そんなことも気に入らなかったの?」というような一挙手一投足までをも否定され、わかってもらう以前に話すら聞いてもらえない状態でした。

直接言ってくださいと伝えてから、罵倒されることがたくさん続きました。

義父は恐怖を感じるほどの「怒り」で自分の決めつけから理不尽なことばかり訴えてくる。義母は、私は嫁としてこんなこともあんなこともやってきたと苦労話ばかりしてきます。仲良くしたい、と口では言うが、つまりは私に「一緒にこの家の犠牲者になってガマンしてくれ」と言っているだけでした。

それからたくさんのカウンセリング受け、自分がはまっていた「いい子」の罠に気が付きました。そして、やっと、やっと、勇気を出して「嫁卒業します」と伝えたのです。嫁ではなく一人の人間同士としてお付き合いしたかったがムリだったと伝えました。

もちろんその時も思い切り罵倒されました。ああ、自分たちの正しさを一方的に押し付けてくるだけで、こちらの話を聴く気は全くないらしい。建設的な話ができる相手ではない。私を悪者にして、自分たちは悪くない正しいんだと、人生に向き合おうとしない弱さしか感じられませんでした。

次は夫です。事前に言うと、絶対反対されると思ったので事後報告としました。するとまず「なぜ俺に言わなかったのだ」と怒りをぶちまけられ、話合いも拒否されました。ああ、やっぱり正面から向き合う勇気もないくらい弱い人だ。義父母と同じなんだなと感じました。すねて強く見せかけているだけで、自分の思い通りにならないとすぐに機嫌が悪くなるのです。この人が機嫌が悪いのは、私の課題ではない。義父母の機嫌が悪いのも私の課題ではない。

「家を守る」ことと、個人それぞれの想いを尊重することは両立できる。なのにこの人たちは、その課題に向き合わず「正しさ」をかかげ「自己犠牲」し「他者犠牲」を強いるだけでした。

私は、もともと自由奔放で好奇心旺盛な性格です。だから因襲的な家は合わなかった。

私はこれまでよくがんばってきたと思いました。

だから私はもう、誰になんと言われようと自由に生きる、やりたいことをする。ここまできてやっと、こんな人たちにどう思われてもいいと、境界線を引くことができました。


そう決めて、生きはじめてから1年ほど経ちました。

今は、週末私が朝起きると、夫の手で洗濯物がすでに干されています。朝ごはんも作ってくれて、昼も夜も作ってくれる時がある。子どもの送迎も彼がしてくれています。

表面的にはまだちょっとスネ夫くんな部分はありますが、これが彼なりの降参スタイルでした。今では私は心理学を伝えながら、楽しく自由に暮らしてます。


結婚する時に彼が私に伝えてくれた言葉があります。

「自分が子どもの頃、お母さんを守れなかった。だから俺が結婚するなら、絶対嫁さんを守る。たとえ嫁さんが悪くても守る」

母親が1人、父親や祖父母に責められていた時に誓ったことだそうです。

やっと今私は、あなたに守られていると感じています。

第2節

共同体感覚を発揮してライフタスクを「共同の課題」にする

昭和の頃は「女はクリスマス・ケーキだ」などという表現が、男女問わず、普通に使われていました。「クリスマス・ケーキが（12月）24日を過ぎた途端に安売りされるように、女性も24歳までに結婚しないと、価値が下がってしまう」という、女性の結婚適齢期に関するひどく偏った価値観です。実際、1975年の平均初婚年齢は男性が27歳、女性が24・7歳でしたが、令和元年のそれは、男性31・2歳、女性29・6歳と「晩婚化」傾向が進んでいます。

結婚時期が遅くなるだけでなく、そもそも結婚しない「生涯未婚率」も上昇しています。国勢調査がスタートした1920年から1980年代までは、男女ともに生涯未婚率（50歳時点で一度も結婚したことがない人の割合）が5％を超えることはありませんでした。それが、1990年代以降急激に上昇し、2015年時点では男性23・4％、女性14・1％となっています。

国立社会保障・人口問題研究所によれば、２０４０年には男は約30％、女は約20％にまで上昇すると推計されています。これは、現在25〜34歳の男性の３人に１人が、一度も結婚することなく生涯を終えることを意味します。「結婚困難社会」は現実のものなのです。

男性にとって結婚は人生にいくつかある大きなイベントのひとつに過ぎませんが、女性にとっての結婚は「生まれ変わり」に相当するほどのインパクトを持つものだ、と、山田昌弘氏は指摘します。そうなると、結婚相手を選ぶのも当然、慎重になりますし、条件も厳しくなるでしょう。

（１）お互いの愛情が一生続くと思える相手であること（２）今後の経済生活が現状以上で自分の期待する程度のものであること、という厳しい条件を設定したくなることが、現代の結婚が難しくなっている２大要因だと言われています。

若い人たちにインタビューすると「結婚したいが、いい相手がいない」とか、「結婚につながらないなら、恋愛してもしょうがない」と、他者とのつながりを心の底では求めていながらも、勇気がくじかれてしまって、結婚どころか恋愛にすら消極的になっている様子が伺えます。草食男子といった言葉が一般化したり、恋人はいないがセフレならいる、というような若者の出現を、私たちはどのように捉えたら良いのでしょうか。

私は、このような現象の裏に、激変する現実世界の変化に追いついけていない、私たち親世代の古い価値観の押しつけと、それによる子どもたちへの勇気くじきの蔓延があるのではないか、と考えています。

世の中は、おおむね80年周期で大転換の時期を迎えると言われることがあります。日本の場合は、1620年代の江戸幕府の確立を起点にすると、1700年代の元禄時代の終わりと享保の改革、1780年代は浅間山噴火、天明の大飢饉から寛政の改革、1860年代は江戸無血開城と明治維新、1940年代の太平洋戦争と敗戦、と見事に80年周期で大変動が起きています。

1940年代から80年が経過する2020年代もまた、時代の大転換が起きていると考えても不思議ではありません。実際に、2011年の東日本大震災に始まり、2019年の憲政史上初の天皇退位による平成から令和への改元、2020年のコロナ・パンデミックと東京五輪の延期開催など、想定外の事が社会に大きな影響を与えています。

明治維新により、装いが着物から洋服に変わり、鎖国していた国が海外との交易を始め、刀とチョンマゲの武士が姿を消し、牛肉を食べ始めるような食文化の変化を体験した人たちのことを想像してみましょう。昨日まで鬼畜米英と教えられ、軍国教育にどっぷり浸かっていた子どもたちが、1945年8月15日の敗戦を境に、同じ先生に全く逆の民主主義の素晴らしさを教えられるという状況に想いを馳せてみましょう。

もし、私たちが生きる2020年代が明治維新や敗戦の頃と同じだとしたら。これまで正しいと思っていた価値観が、実はこれからの新しい時代においては、最も忌避されるべきものになる、そんな時代の大転換点であるとしたら、私たちの世代が、昭和・平成の正しさにこだわって、これからの時代を生き抜こうとする若者たちにあれやこれやと善かれと思ってアドバイスしたり、指示を出したりするのは非常に危険なことなのかもしれません。

私たちは、それぞれのライフスタイルをベースに、主観的な色メガネごしに物事を見て、意味づけをしています。同じ2020年代を生き、この先50年を見据えたとしても、現在50代の親世代と、これから人生を切り開く20代の子ども世代では、その見える世界は全く異なるのでしょう。『結婚と家族のこれから――共働き社会の限界』(筒井純也・著/光文社新書)によれば、「人々が男性のみならず女性も雇用を通じて経済的に自立して、自由に人間関係を作るためには、安定した雇用が男女に行き渡っていること、家事や育児のサービスが何らかの形で提供されていること、そして高齢者が少なくそれを支えるコストが小さいこと」の3つの条件が必要だと分析されていますが、現実はどうでしょうか?

大変残念ながら、戦後復興期の驚くべき高度成長を実現し、バブル崩壊直前には「ジャパン・アズ・ナンバーワン」と世界中から羨望の眼差しでみられていた経済大国日本は、男女の雇用機会の均等と安定、共働き世帯のための家事・育児サービスの充実、急増することが確実にわかっていた介護問題に対処することができたはずなのに、そのいずれにも対処することなく、未曾有の平成大不況を30年以上、ダラダラと続けてしまったのです。

「イノベーションのジレンマ」という言葉があります。大成功をおさめて大企業になった組織が、その成功要因にこだわるあまりに、時代の変化に気づけず、次の局面で大成功を手にするのは、機動力があり新しいことに挑戦する勇気を持ったベンチャー企業になる、というビジネスの世界の栄枯盛衰を表しています。

経済至上主義、生産性重視の価値観をもとに、「日本株式会社」と揶揄されるほどの結束力でビジネスの世界で勝者となった私たちは、その成功要因である、**男性の長時間労働、女性が家事・育児・介護といったケア労働を無償で担当するという男女の固定化した役割分担、「良い学校に入って、良い会社に就職し、良い条件の相手と結婚する」という画一**

的な人生の成功ルートへの盲信と、子どもへの押しつけを、昭和から平成にかけて思考停止のまま続けてしまったのです。「それが、本当に幸せにつながるのか？」「それは、これからの新しい時代においても成功要因でありえるのか？」という本質的な問いを立てることもせずに。

バブル崩壊後の、右肩下がりの不景気の長期化で元気をなくし、かと言ってそこから復活する手を打つこともできない親世代が右往左往する中、勇気がくじかれた自信喪失の雰囲気がデフォルトの状態で生まれ育った世代が、今、社会に出て、仕事を持ち、結婚して子どもを育てる時期になっています。そんな彼らは、私たち昭和世代とは全く異なる色メガネをかけて、令和のリアルなライフタスクに向き合っているのでしょう。

親が子どもを心配するのは、いつの世も一緒です。そして「課題の分離」を知らなければ、いつまでも、彼らを子ども扱いして、無遠慮な過保護・過干渉をしてしまいがちなことも、古今東西大きな差はないでしょう。こうした関わりは相互尊敬・相互信頼の「ヨコの関係」とは程遠く、子どもの勇気くじきにつながる「タテの関係」を前提にしたコミュニケーションです。もちろん、親は、わざと子どもの勇気をくじいてやろう、と思って古い価値観を押しつけているのではありません。むしろ、その逆で、自分がうまくいった方法、自分が若かりし頃にやっておけば良かったと後悔していることを、子どものために善かれと想って、懸命に受け入れさせようとしているだけです。

ここで、ぜひ、取り入れたいのが「課題の分離」をした上で、その課題を親子で「共同の課題」にしていくかを検討する、というプロセスです。「図表5」で説明したような典型的なふたつの過ちを犯さないように、「それは他者の課題で、これは自分の課題」と一旦課題を切り分けるのがファースト・ステップです。その上で、他者の課題の解決に「土足でズカズカと踏み込むような無遠慮な介入は控えるが、ドアをノックして、課題解決のサポートを申し出る」のが、「他者（子ども）の課題を、親子双方の共同の課題にする」というセカンド・ステップのひとつめのやり方です。もちろん、サポートを申し出る親に対して、子どもが「結構です。自分でなんとかします」と拒否権を発動すれば、親は建設的に諦め、「信じて見守る」ところまで戻らねばなりません。

セカンド・ステップのふたつめは、「自分（親）の課題の解決のために、他者（子ども）の行動変容を伴う協力を得て、親子双方の共同の課題にする」というやり方です。図表6に、図解しましたので、図表5とあわせて、親子のトラブル対処に活用してください。

令和の時代になり、これまでの経済至上主義と生産性重視の生き方はもう限界に来たこ

とは明らかだと私は考えます。本来の人間らしさ、真の豊かさを取り戻すチャンスが到来した、と前向きに捉え、若い世代をささやかにサポートできたら、それが私の幸せです。

図表 6 ｜他者の課題、自分の課題を「共同の課題」にする

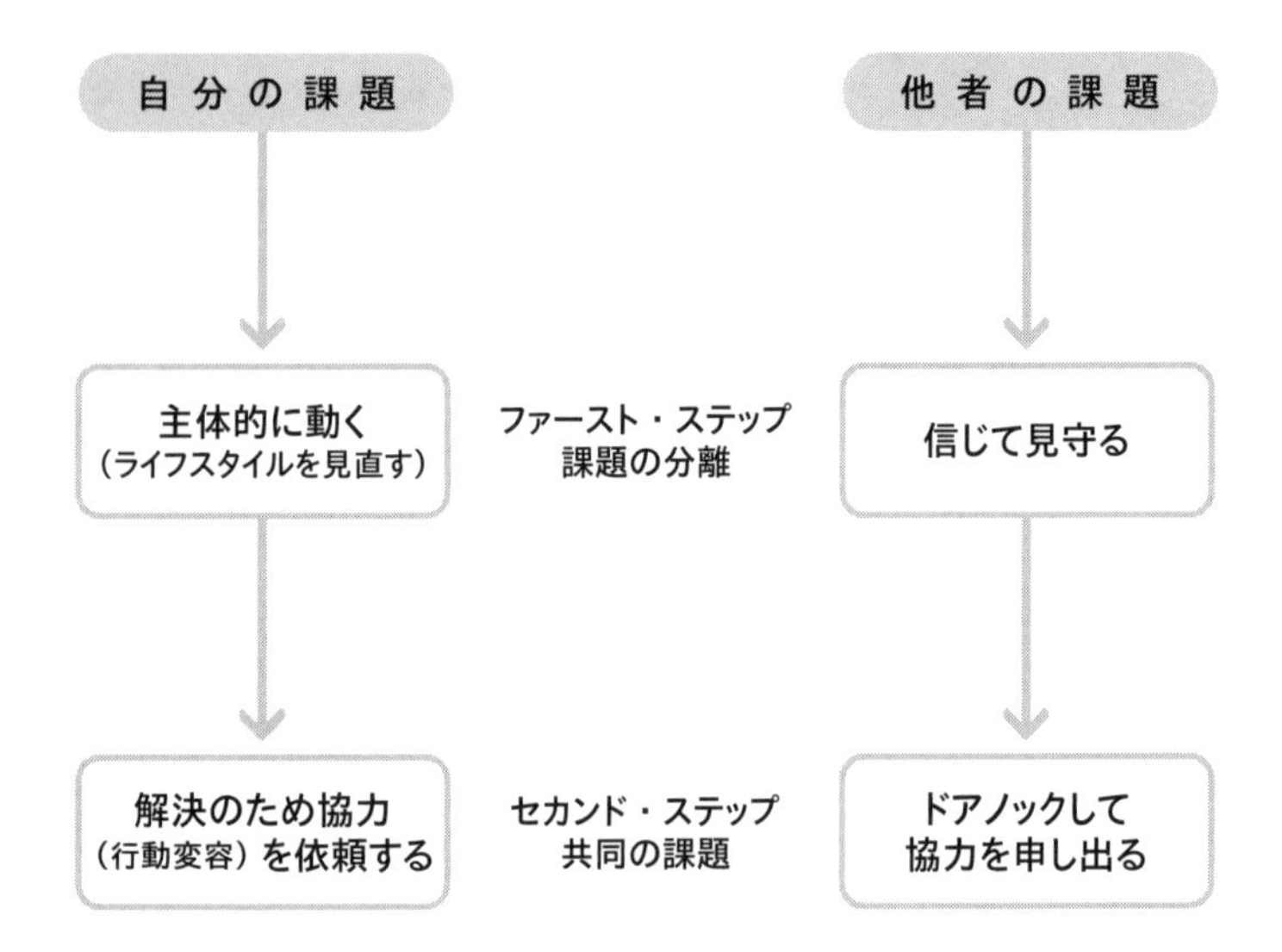

コラム
アドラー心理学
実践インタビュー
6

息子の離婚を乗り越えハッピーファミリーへ
課題の分離から共同の課題へ

匿名希望　Yさん

数年前、「同居する息子夫婦の離婚」に妻とともに向き合うことになりました。この人生の大きな課題を乗り越えたことで、いまでは私たち夫婦、そして新しい息子夫婦たちと幸せな時間を過ごすことができています。

私は教員をしていましたが、東日本大震災後に学びはじめていた心理学を多くの方に伝えていきたいと思い、定年間際に早期退職し、講師として独立しました。

当時は学びも経験もまだまだ浅く不安もありましたが、学びの師匠からいただいた「四の五の言わずにやる」という言葉に背中を押され、早速、周りの人たちにアドラー心理学を伝えはじめました。

アドラーの学習会を開催するようになり、妻にアシスタントを頼みました。初めは受講者も少ないため、彼女にもいち参加者として参加してもらうことで、妻も自然とアドラー心理学を身につけていきました。

そんな中、結婚して2年目の息子夫婦と同居をはじめます。最初は「楽しく幸せな家庭を築いて欲しいね」などと家内と話をしていました。しかし、翌年には彼らの間に不穏な空気が流れるようになりました。

仕事が忙しいと言って毎晩のように帰宅が遅い息子。何もしゃべらなくなった息子の嫁のA子さん。A子さんはそんな中、まだ1歳の孫を私達に預け仕事に復帰。どんどん2人はすれ違っている様子でした。

ある日、孫のお世話にも大きく影響が出てきている様子を見かねて、息子の帰宅の遅いある晩に、A子さんと話をする機会を持ちました。すると「息子にはいい人がいる」と言います。これは一大事！不倫じゃないか！我が息子が！といろいろな想いが頭をよぎります。そこでまず、A子さんの気持ちを聴きました。彼女は「別れるつもりはない」「ヨリを戻したい」と答えます。親としては、口も手も出したい気持ちがたくさんありましたが、しかし、その時点ではアドラー心理学を学び伝える側になっていましたので、ここは息子たちの課題だ、土足で踏み込まないようにして、まずは彼らに任せることにしました。

そうは言っても、どっしりと落ち着いていられたわけではありません。彼らの様子を横目で見てはヤキモキする日々です。

妻ははっきり自分の考えや感情を言い表し、私は田舎生まれもあってはっきりモノを言えない質。不倫なんて嫁さんにもご両親にも恥ずかしい、申し訳ないなどと、私は感じることもありながら、いやいやその感情は自分たちの課題だと思い直したり、息子にも嫁さんにもそれぞれに事情があり、一方的に責めたり、かばったりするようなものではない。偏った価値観でジャッジすべきではないと、私たち夫婦の間で何度も話し合いました。

夫婦の間には意見の相違ももちろんあったのですが、結局は息子たちがどうしたいのか、どう考えているのかを尊重し、気持ちのサポートにまわろう、とにかく課題の分離に徹しよう、というのが私たちの考えで、忍耐の日々でした。

それからしばらく経った頃、事件が起こりました。

A子さんのご両親が、息子が相手の女性の家を訪れているある晩、その家に乗り込んでいったのです。悩んだA子さんがお母さんに相談したところ、「自分達がカタをつけに行く」と強引に彼女の家に行ったようです。相当な修羅場の中、息子も相手の女性もコテンパンにされたのでした。

私達夫婦は、その晩、息子が自宅に戻ってから話をしました。A子さんの気持ちも伝え、「何かできることがあるか」と聞くと「自分たちでなんとかする」と息子が言うので、「困ったらいつでも相談して欲しい」と伝え、「信じて見守る」こととしました。

A子さんの「ヨリを戻したい」という願いもむなしく、二人は別居、冷静に話し合うこともできず、先方の希望で弁護士を立てられ家庭裁判所での離婚調停となりました。半年後、調停が成立し離婚。私たち夫婦もA子さんのご両親から、ただ一方的に責められるだけで、まともに話もさせてもらえない状況でした。

息子と騒動のあと話をすると、「自分にも非があると思う。しかし、A子との間には、とても〝幸せな家庭〟を想像することができなかった」と言いました。

A子さんからの話や、娘の願いも聞かないお母さんの強引さ、過去の言動なども踏まえて考えてみると、母親に支配的に育てられてきたA子さんは、きっとひどく勇気がくじかれていたのではないか、人と友好的な関係を結ぶのが難しかったのかもしれないなと感じられました。同時にお母さんの方も、愛情に恵まれない家庭や境遇の中で、生きてこられたのだろうと感じました。そういえばお母さま自身も離婚経験者であった、と息子から聞いたことがありました。

アドラーを学んでなければ、私たちも未だに彼女たちに対し、恨みつらみを言っていたり、自分たちを責めていたかもしれません。残念な別れ方となってしまいましたが、今は、ただご縁がなかったのだろうと思っています。

それから息子はその時のお相手と結婚することとなり、新しい家庭を持ちました。彼女もとてもよい人でまた新しい命にも恵まれました。

ある時、息子がSNSで私たち夫婦と息子夫婦とのグループチャットを作りたいと言ってきました。グループ名は「HAPPY FAMILY」。「ああ息子は〝幸せな家庭〟を創りたかったのだな、そして今それが出来はじめたと感じられているのだな」と思いました。あの時、偏った価値観に振り回されず、息子を信じてよかったと思いました。

アドラーを学び始めてまだ数年、「課題の分離」を思わぬところで実践投入することになり四苦八苦の日々でしたが、私たち夫婦も困難をともに乗り越えた〝同士〟として、より互いを尊重し信頼できる関係となれたと思っています。

第4章

夫婦の性の問題に向き合う

第1節 世界標準から逸脱した日本人のセックス・ライフ

太古の時代から、一部の例外をのぞいて、人間は一夫一婦制を選択してきました。性的なペアリングを固定化することが、コミュニティの秩序維持と永続にとって有益であると結論づけた、人間の知恵でしょう。

一方で、日本は他国に比べて極端にセックスレスのカップルが多い国というデータがあります。日本性科学会によれば「(病気など)特殊な事情が認められないのにもかかわらず、カップルの合意した性交あるいはセクシュアル・コンタクトが1か月以上もなく、その後も長期にわたることが予想される場合」に、そのカップルはセックスレスであると定義されています。2004年度の厚生労働省と日本家族計画協会の共同調査によると、先述の定義に照らした場合、日本の夫婦の32%がセックスレスで、1年以上性交渉のない夫婦は全夫婦の2割だそうです。少子化さもありなん、というわけです。

他国と比較すると、日本の特殊性が際立ちます。少しデータが古いですが、２００５年に世界的コンドーム・メーカーのデュレックス社が行った調査によると、世界41ヶ国の年間平均セックス回数は１０３回であるのに対し、日本はダントツ最下位の年45回。性生活の満足度においては世界平均が44％であるのに対して、日本は中国の22％に次ぎ、僅差の24％と二番目に低い結果となっています。日本家族計画協会や、日本のコンドーム・メーカー、相模ゴム工業の調査結果を年換算すると、日本人カップルの平均的な年間セックス回数は22回～25回程度と更に低い結果になるようですから、日本人のセックス・ライフはかなり特殊なのかもしれません。

私はこの分野の専門家ではありませんが、日本社会の次のような特徴がセックスレスの要因になっているのではないか、と考えています。

⑴ 母親の存在感が大きすぎ、子どもの恋愛観・セックス観にまで影響を与える結果、草食男子やこじらせ女子の出現など、日本人の幼稚化傾向が進んでいる

⑵ 結婚すると妻が「母親化」し夫を子ども扱いするため、子どもを作ったあとは、夫婦が性愛の対象ではなくなる

⑶ 男性の長時間労働や、女性の外での労働に加えた家事・育児・介護等の負担の大き

さから、男女ともに疲れきってしまい、セックスする時間や心のゆとりがない

(4) 社会全体に勇気くじきの雰囲気が広がる中、増加する自己肯定感が低い若者は、結婚どころか恋愛まで回避するような、他者とのつながりへのあきらめがある

(5) マンガやAVなど性的妄想を満足させるコンテンツが充実している他、性風俗産業も発達しており、恋愛を疑似体験したり性欲を満たしたりすることが容易である

(6) 性教育が未発達で、セックスを過度に淫靡で背徳感のあるものとタブー視する文化が根強く、家庭内でスキンシップをとること自体が恥ずかしい、という風潮がある

私たちは、もっと、**自分自身のウェル・ビーイング（身体的・精神的・社会的な健康が持続している状態）や幸福度の向上という点を重視し、性生活を含むパートナーとの関係性に真正面から向き合う時期にきていると感じるのは私だけでしょうか？**

ドライカースは『人はどのように愛するのか――愛と結婚の心理学』（一光社）の中で、セックスには3つの機能があるとしています。ひとつめは「生殖の基盤としての役目」です。ふたつめは「個人的な快楽を満足させるための役目」とし、セックス依存症のように、これに過度に偏ることに警笛を鳴らします。**ドライカースが最も重視したのは第3の機能で、これを「一体化」と表現しています。「セックスは、二人の人間を何ものにもまして**

密接に結びつけることのできる道具です。セックスによって、二人は肉体的にも精神的にも一つになるでしょう。」と述べ、一体化は、人生に対する深い満足、永続的な愛、信頼、献身、安定と未来の幸福をもたらすとしています。

本章では、この第3の機能に注目し、一体化によるウェル・ビーイングの向上をパートナー双方が得られるために、『女と男 なぜわかりあえないのか』（橘玲／文春新書）などの知見をまとめて、真のパートナーシップへの道程を考察してみようと思います。

男女の性ホルモンの機能の違いから、一般的には男性の方が女性よりも性欲が強いと言われます。性欲に関係するテストステロンは、女性の副腎からも分泌されますが、男性のそれは最大で女性の100倍にも達する分泌量だそうです。

橘氏によれば、進化論的には男は「競争する性」、女は「選択する性」として「設計」された、と言います。確かに、一般論として男の子はスポーツなど競争するマンガなどに熱中するのに対して、少女マンガやライトノベルの鉄板の人気プロットは、ヒロインが二人の魅力的な男性の間で揺れ動き、男性が自分を求めて争う中、ヒロインが主体的にナンバーワンの男性を選び、結ばれる、というストーリーです。

もちろん、人の性欲が性ホルモンに支配されているとは言えません。産婦人科医の宋美玄氏は『人はなぜ不倫をするのか』（亀山早苗／SB新書）の中で、人間は理性を司る大脳新皮質が本能より優位であり、エストロゲンが多く分泌される排卵期は妊娠しやすいからといって、全ての女性の性欲が排卵期に高まるわけではないと解説しています。

『セックス依存症』（斉藤章佳／幻冬舎新書）によれば、「男性は性欲コントロールができない」というのは男性を侮辱する偏ったジェンダー・ステレオタイプの典型だと言います。性依存症の治療にたずさわる著者によれば「性欲が強く、それが抑えきれなくて性犯罪に走った」という人はごくわずかで、性依存症の治療が必要な当事者であっても交番の前では痴漢はしませんし、友人との会話中、急に自慰行為を始めたりすることはなく、ほとんどの男性は理性で性欲をコントロールできると言います。

さて、ここで改めてドライカースが提示したセックスの第3の機能「一体化」に注目してみましょう。日本の神話『古事記』には「目合い（まぐわい）」という言葉が出てきます。デジタル大辞泉で調べると「目を見合わせて愛情を通わせること」であり、「男女の性交」を意味する言葉と出てきます。

目を閉じたセックスでは、パートナーへの気配りはできず、肌と肌の接触や摩擦による第2の機能「個人的な快楽」程度の快感しか得られません。それに対して、目を見つめあい、双方が相手を思いやるセックスを重ねることで、男女は、肉体のみならず心と心が通い合い、気と気が交流し、エネルギーを交換しあうような「一体化」を体感できるようになると言ったのは、その半生を描いたドキュメンタリー映画「YOYOCHU SEX と代々木忠の世界」が第5回ローマ国際映画祭に正式出品されたAV監督、代々木忠氏です。

ドライカースは、セックスはテクニックではなく、態度が大切だとし、「愛とは、いつも気配りをすること」で、「満たされた愛は、率直に無条件に相手を体験し感じること」を意味すると述べました。そして**「お互いに心から受容して結びついている二人は、驚くほど互いに同化する能力があります」とし、「要求や怒りなしに、不満や不快なしに、お互いを受容しようという無条件の意欲」があれば、「皮膚を通過してあらゆる感情や興奮や満足も同時に起こる」と、「一体化」を得られるセックスを詳述しました。私は、このような「一体化」を求める気持ちには、男女の性差はないと推察しますが、みなさんはどのように思いますか?**

性に対する考えは、それが積極的なものであれ、消極的なものであれ、個人の考えが最大限尊重され、誰からも否定されてはなりません。ただし、**誰かとパートナーシップを築くことを希望するのであれば、お互いが幸福を感じるパートナーシップのあり方を、相手**

への敬意をもって、性的なことを含めて話し合うことは有益であると考えます。

セックスを嫌う人は男性にも女性にも一定数いるようです。身体だけでなく心も満たされるような、本当に気持ちのいいセックスを知らなければ、嫌悪感を抱くのも無理はありません。産婦人科医の宋美玄氏によれば、セックスを好きになれないままでいいと思っている女性は少ないそうです。女性たちの「圧倒的快感への憧れ」はとても強く、「オーガズムを知らないまま老いたくない」「このままでは死ねない」と訴えてくる女性もいるとし、そんな女性たちが不倫で初めて快感を得たという話も時々聞くそうです。

パートナーとの間の人生で、「一体化」を感じられるようなセックスまでたどり着けるかどうかは、そもそも、そのパートナーシップの結ばれ方によるところがあるでしょう。『愛と魂の法則』（錦織新／光文社）によると、自信のなさは相手への不信となり、それが嫉妬や主導権争いという支配につながるといいます。また「我慢しなさい」という親の呪いの言葉を真に受け続け「結婚は墓場」とばかりに我慢で関係継続しているカップルも多いといいます。自分は価値がないという自己概念が強いと、依存先を求めたパートナーシップに行き当たりますが、その場合は相手も依存を求めるケースが多く、共依存の苦しみに直面することになります。こうしたパートナーシップの行き着く先が無関心で「亭主元気で、留守がいい」などというCMが受ける社会になりました。このような、ゆがんだパートナーシップでは、セックスの第3機能「一体化」を得ることは無理です。

パートナーは自分の「合わせ鏡」だ、とよく言われます。自分が隠そうとしている自己や他者に対する恐れ、不信、勇気の欠如を、相似形のようにパートナーが自分にぶつけてくるのです。**パートナーが自分を苦しめているのではなく、パートナーを使って、自分が自分を苦しめているのかもしれない、と私たちは気づくことができるでしょうか？**

自分の弱さ、不完全さも含めた全てを、隠そうとするのではなく、それらをさらけ出しあい、双方が互いの不完全さを受け入れ、赦し、無条件で愛するのが真のパートナーシップだと理解して、二人が真摯に「愛のタスク」に向き合うことができるでしょうか？

本書を通して、あなたがパートナーと対話する勇気を持てるようになることを願っています。

コラム
アドラー心理学
実践インタビュー
7

私が私であればいい
不倫された夫と仲良くなりました

匿名希望　Oさん

7年前に夫の不倫が発覚しました。隠していた手紙を偶然発見してしまったのです。私はそれまで、「こんなに幸せでいいのだろうか」と感じながら生きてきました。念願の仕事に就くことができました。夫とは恋愛結婚することができ、子供が欲しいと思った時にはすぐに授かることができました。安定した生活の中、「こんなに幸せだと何かあるのでは……？」と思っていたら、「やっぱり」が起こりました。

でも今はそれも、本当の私を取り戻させてくれるため、自分が自分を生きるために起こってくれたことだと思っています。

私はずっと「似非(えせ)ポジティブ」な人でした。いつも「ポジティブであらねばならない、ネガティブではいけない、泣いても頼ってもいけない」などと考え生きてきました。それは幼い頃から父母に厳しく育てられてきた環境の中で、弱い自分は出しちゃダメ、それは負けなんだ、そう思って来たからかもしれません。

その上、自分を犠牲にしてまで、他者に「貢献」しようとする部分があったと思います。家の中でも、私のことはどうあれ、夫や子供が喜んでくれればそれでいい、そう思って行動しているところが多分にありました。

今も人に貢献することは大好きなのですが、当時のものとはだいぶ違います。以前のそれは「似非ポジティブ」な部分に支えられていたものでした。


夫に不倫されたことで、ぐちゃぐちゃな自分の感情と強制的に向き合うことになりました。そこには、夜通し泣き叫んだり、一方的に怒り狂ったりする、驚くほど「ネガティブ」な自分がいました。

最初はなぜ私がこんなツラい目に合わねばならないのだろうと思いました。私の人生はなんだったのかと生きている意味も感じられなくなりました。とにかく止めどもなく溢れてくるこの怒り悲しみ、無力感や絶望感といったドロドロした感情に翻弄され、自分が壊れてしまったのではないかと思う日々でした。

何ヶ月もそんな日が続きましたが、その苦しい期間を経たおかげで、自分の中にこれまで長きに渡り溜め込んできた感情があったこと、そして「本当の自分」にフタをしていたことに気がついていきました。やがて雨の空にも晴れ間が見えはじめました。

夫は何度も別れると言いながら、同じ人と3度の不倫。3度目が発覚した時には、「もうそれだけ好きなら別れるしかないな」と思い、私の申し入れで、夫とそのお相手と三者面談をしました。そこで終わりにしようと思ったのです。

しかし会って話をしてみると、なんだか思っていた印象とは違い、結局、夫は相手の方からフラれてしまい別れることに。憐れな彼は行くところもなく、ありえないことに私は罪悪感にまみれた失恋ボーイと同居することとなりました。

私はさらにそこから、夫婦関係、そして自分自身と向き合うために様々な講座へと足を運びました。その中でもアドラーの教えには、これまでの自分の気づきが集約されていると感じました。

学びを進めることで、ダンナさんへのわだかまりも少しずつ少しずつ消えていきました。関係の修復を図ったというよりかは、「私が私らしくある」ことを選んだら、自然ともとの状態に戻っていった感じです。

最初はアドラーの「勇気づけ」を覚えたので、夫を勇気づけようと思いました。しかしこれは何かが違うと感じました。ただ、かわいそうな夫を「ポジティブ」に変えようとしているだけなのではないか、これはまた「似非ポジティブ」を人に押し付けようとしているだけなのではないか、そう感じました。

だから彼の課題と私の課題を分離しました。彼は彼で、自分で自分の課題に向き合う必要がある。時間はかかるかもしれないが、そうすれば自然と自分を取り戻せていけるはず。だから私は私を勇気づけ、ねぎらい、尊重することで、そんな彼を信じられる自分でいる。

彼の課題に勝手に踏み込まず、そして自己犠牲をしない。アドラーは「あなたの人生はあなたのもの」と言っている。彼のために生きるのではなく、私は私を生きる。ネガティブな時はそれでもいい、自由に生きているだけでいい。その自然な姿を彼に観てもらえばいい、そう思いました。

夫は、溜め込んでいたものを爆発させたり、何もしゃべらず引きこもったりと、様々な感情に振り回されている様子でした。私との距離も近づいたり離れたりしていましたが、1年ほど経ったころ、夫が「あ、抜けたな」というのが分かりました。顔や雰囲気が全然変わったのです。

今までは自分にばかり向いていたであろう彼の意識が、私の方に向くようになりました。私に関心を寄せてきて、気にかけてくれるようになりました。彼から普通に甘えてくるようになり、私は私で「自分も本当は甘えたかったんだ」という気持ちにも気づきました。お互い、嫌なことは嫌だ、欲しいものは欲しいと自分の気持ちも素直に伝えることができるようになったことで、自然と距離は縮まり、気がつけば「ナチュラルなポジティブさ」でいられる家庭へと変わっていました。

今は、私が私らしくいるだけで、子供たちが、「ママ、充電させてー」とやってきては、「ペトっ」とくっついてきます。そこに夫もくっついてきて笑っています。「なんだ、私ってここにいるだけでいいんだな」ということがとてもよくわかってきました。

彼自身も会社でガマンや自己犠牲することをやめました。嫌な仕事は断る、無用な飲み会も行かないようにして、人生を楽しむという方向にシフトし、機嫌よくしています。

「不倫した夫は何度も繰り返す」という話があると思います。

今思えば、「人のため」「前向きな自分でいなければ」と私が私の本音にフタをして、エネルギー切れを起こしていたから、夫は充電先をもとめて他の女性のところに行ってしまっていたのだとわかります。

子育ても「（自己犠牲を伴う）奉仕」だと思っていて、「自分の喜びため」ではなかったのだと思います。そして子育てに疲れきった私には、これも「奉仕」だと感じていた夫とのセックスを、「ごめん、とても無理」と拒否ばかりしていたのです。

「行動には肯定的な意図がある」とアドラーは言っています。そのとおりで、当時はそうすることが正しく、そうやって似非ポジティブであることで、愛されようとしてきたのです。その試みは失敗に終わりましたが、「あの時はそれしかできなかったよな」、「しょーがなかったよな」と今では自分を受け入れることができています。

いま私は、「不倫された夫と仲良くなりました！」という稀有な経験を、同じような女性たちに伝えられたらと思い、求められる人たちにアドラー心理学お伝えしています。

私が私を生き始めて、私自身も家庭も変わりました。夫のため、子供のためではなく、「自分を生きる」ことを、これからも体現していきたいと思います。

第2節　対話からスキンシップへの道のり

夫婦がお互いを敵とみなして主導権争いをするのではなく、仲間として「どうやったら仲良くできるか？」というシンプルな問いに常に立ち返り、対話を重ねて協調的に助け合う日々を過ごす先に、ドライカースが言う「一体化」を伴う性の営みがあります。

スキンシップを求めるのは、何も若者だけの特権ではありません。『人はなぜ不倫をするのか』（亀山早苗／SB新書）によると、アメリカフロリダ農工大学のエイドリアン・ジャクソン氏の研究で65歳以上の既婚者238人を対象にした興味深い調査があるそうです。

過去12ヶ月セックスをしていない被験者のうち、人生全般について幸福と回答した人が40％だったのに対し、1ヵ月に1回以上セックスをした被験者は60％がとても幸せと回答したそうです。また結婚満足度では、過去1年間セックスをしていないグループでは満足と回答した人が59％だったのに対し、1ヵ月に1回セックスをしたグループでは80％がとても満足と回答したといいます。年齢を重ねても、セックスが日常生活によりハリをもたらしている可能性が見てとれます。

もちろん、**そのカップルがどのようなコミュニケーション・レベル、スキンシップのレベルで愛情を交わし合うのかは、そのカップルが決めればよいことであり、セックスの有無や平均的な頻度との差などは、本質的な問題ではありません。**お互いが性の問題も含めて、タブー視せずに、敬意を持って相手の意向に共感する（同意するかどうかはともかく）態度で対話を重ね、お互いが納得のいく親密さのレベルを見つけることが、「愛のタスク」への建設的な対処と言えるのでしょう。

「タイム・トゥ・トーク（TTT＝Time to Talk）を大切にしなさい」

これは、私のアドラー心理学の師匠であるヒューマン・ギルド代表・岩井俊憲先生の、そのまた師匠であるペルグリーノ博士（モントリオール個人心理学研究所所長）のセミナーに参加していた時に、教えてもらった言葉です。**「大切な人と語りあう時間を持ちなさい。いつも〝TTT〟と頭の中で唱え、意識しなさい」というアドバイス**でした。「家族だからいわなくてもわかるだろう」というのは、甘ったれた幼稚な考えです。言葉を惜しまずに、意見の相違を恐れずに、素直に気持ちを伝えあう努力を怠っていては、「愛のタスク」を克服することはできません。**「もっとちゃんとすべき」「もっと頑張らねば」**という「**べき・ねば」にとらわれて、仕事や家事、育児、介護に必要以上に時間と体力、気力を使い過ぎてしまう傾向のある私たちに、優しい口調ながらも、ズシンと響く、老師の言葉でした。**

第1章第2節で、私は、努力家、甘えん坊、マイペース、完璧主義者など、様々な性格（ライフスタイル）を形成する過程で、知らず知らずのうちに、ある「おかしなクセ」を身につけながら、まるで「ニセモノの自分」を演じ続けるかのようにして大人になっていく人がいるとし、このような人が結婚して愛のタスクに対処しようとしてもなかなかうまくいかない、と述べました。この「おかしなクセ」について考察を深めたいと思います。

主に親（特に母親）からの言葉がけや、他のきょうだいとの対応の差などから、子どもの頃に「ありのままの自分ではダメなんじゃないか」という謎の罪悪感、謎の自己否定を持ってしまう人は、程度の差こそあれ、かなり多いと言えるでしょう。むしろそうした気持ちが全くない、という人はまずいないと言っても過言ではありません。さらに厄介なのは、こうした「おかしなクセ」は親から子、子から孫へと連鎖していく傾向があることです。ですから、気づいた人が、勇気を持ってその連鎖を断ち切る必要があります。

「共同体感覚」とは、「自分という存在には価値がある」ということを前提に、「そんな自

分が、自分だけのためではなく、他者にも貢献できると信じている」という感覚です。

一方、「罪悪感」は「自分という存在には価値がない（かもしれない）」という自分への不信を前提に、「こんな自分は、ありのままでは価値を認められないから、なんとか無理してガンバらねばならないと感じている」という妄想のことを言います。

「罪悪感」という妄想に執着している勇気がくじかれた人は、その反面「ありのままの自分で愛されたい。自分は愛されるに値する人のはずだ」と確認したい希望も持っています。この希望を確認する目的で色々な試みをするのですが、そもそも「自分への不信」という仮説のスタート地点がズレているので、選択する行動も間違ってしまいます。

例えば、勇気がくじかれた親は「こんな自分じゃ親として失格では？ 愛が足りないのでは？」という誤った仮説を立証するために「明確な理由がある訳ではないが、私は罪深く、悪い人であるような気がしている、という罪悪感」を持ち出します。そして、妄想上の罪悪感を打ち消そうとして、過保護・過干渉に偏りすぎた子育てをしたり、自分に対する自信のなさの裏返しから子どもを放任したりと、子どもとの距離感を見誤ります。

勇気がくじかれた子どもは「こんな自分じゃ愛されないのでは？ 存在自体が悪いのでは？」という不安から「罪悪感」を作り出し、例えば、自分の正直な気持ちを抑制して、親の気持ちを忖度した言動をするような振る舞いで、親の愛を確認しようとします。ただし、こうした誤った作戦を最後までやりきるのは大変です。限界に達して「自分を偽り続けるのは、もう無理！」となると、今度は突然グレたり、あるいはココロの病気になったりします。これらの現象も、やはり形を変えた「親の愛を確認するためのアピール」なのですが、愛の確認方法としては、かなりひねくれた選択と言えるでしょう。

このような「おかしなクセ」を後生大事に小脇に抱えながら、結婚し「愛のタスク」に向き合ったら、どんな事態を引き寄せるでしょうか？

自分の不完全さを受け入れ、自己開示する勇気を持てずに、なんとか我慢して、頑張って、生活を共にするパートナーの前で「ニセモノの自分」を演じ続けないと、嫌われてしまうのでは？　捨てられてしまうのでは？という自分と相手に対する疑念で頭がいっぱいの日々が続きます。

やがて、こちらは我慢して、頑張っているのに対して、毎日いい加減で、だらしなく、自分と同じように自己犠牲を払って我慢して頑張り続けることをしないパートナーを見て、絶対に許せないような憎しみ、怒りの感情がわきあがって、止められなくなります。

あるいは、あなたに負けず劣らず強烈な「おかしなクセ」を持っているパートナーを選んでいる場合は、まるで営業成績を競って賞与の原資を奪い合うライバル同士のように、お互いの稼ぎ、家事・育児・介護等への献身度をポイント化して、自分がどれだけ自己犠牲を払って家族に貢献しているかという主導権争いに明け暮れることになるでしょう。

謎の罪悪感、謎の自己否定という「おかしなクセ」は、確実にあなたの勇気をくじき、共同体感覚の発揮を躊躇させる「呪い」です。この「呪い」を、親や、パートナーや、友人や、カウンセラーや、ヒーラーや、パワースポットや、教祖様に解いてもらおうと、他者に依存することはできません。最終的には、自分で自分自身の内面に向き合い、自分で自分を赦す作業を丁寧にしていかなければ、解決しない課題なのです。

アドラーが生きていた時代にはあまり注目されていなかったかもしれませんが、何世代にもわたる連鎖により、誰もが「生きにくさ」を感じるようになったいま、「セルフ（自己）のタスク」や「スピリチュアル（精神世界）のタスク」が大きく注目されるようになったのだと、私には感じられます。このことは、次章以降で取り上げていきましょう。

人間はたった一人で孤独に生きることはできません。他者とのつながりは、人間の根源的な欲求であり、そこに男女の性差はないと思います。もちろん、「愛のタスク」はセックスだけが問題なのではありません。ただし、**自分にとって性の重要性が低いからといっ**

て、あるいはタブー視する偏見を元に、パートナーと話し合うことすらしない、という選択は、パートナーシップの健全な維持・発展を考えた時にはかなり危険な賭けになるだろうと覚悟した方が良いでしょう。

日本家族協会が実施した「ジャパン・セックスサーベイ２０２０」という調査によると、特定のパートナー（恋人や結婚相手）以外の人との、浮気・不倫・性風俗利用による性交渉の経験を聞いたところ、２０１７年度の結果は男性37・０％、女性24・４％だったのに対し、２０２０年度は男性67・９％、女性46・３％と急増していたそうです。

男性の浮気・不倫は今に始まったことではありませんが（だからと言ってそれを肯定するものではありません）、『人はなぜ不倫をするのか』（亀山早苗／ＳＢ新書）によると、「夫はライフ・パートナーで、セックス・パートナーは別にいる」「家族である夫とはセックスするつもりはない」「外で恋人に愛されているからこそ、夫や家族に優しくできるようになった」という女性も、とても増えているそうです。

あなたはこれから「愛のタスク」にどのように向き合っていきますか？

コラム
アドラー心理学
実践インタビュー
8

私を見て欲しい
不妊治療とセックスレスを乗り越えて

匿名希望　Kさん

私たち夫婦には子どもがいません。不妊治療に取り組んできた時期もありましたが、結局授かること無く50代を迎えました。

夫は優しい人なのですが、これまで彼に対してモヤモヤとした気持ちを感じていたり、今後の関係を保っていくことにもたくさんの不安を感じてきました。

夫とは遠距離恋愛で、付き合って半年で結婚。結婚したのは27歳、交際期間も長いわけではなかったので、「結婚して数年は夫婦の時間を楽しみたいよね」と暗黙の了解もあり、避妊をしていました。その避妊をやめてから数年、そのうち子どもも出来てにぎやかになるのだろうと思っていたのですが、なかなかコウノトリさんはやってきませんでした。

夫との不妊治療がはじまりました。幸い母体には大きな問題はなく、夫の精子が少ないながらも自然妊娠は可能ということで、まずは妊娠しやすいタイミングを合わせる、というところから始めました。

夫はもともと繊細な人で、性欲も少なく、下のほうもあまり元気とは言えない感じです。さらに高血圧で降圧剤を飲んでいたのでED治療薬を飲むことができず（それぞれが血圧を下げる薬と上げる薬なので）、薬による対処は高血圧を正常数値にしてから、という話になりました。しかし夫は忙しさもあり、生活習慣を変えたり運動したりといったことに積極的に取り組むことが難しく、医者に言われた降圧剤をただ飲むだけの日々。私の中には「私はがんばっているのに、なんで協力してくれないの……」という不満や悲しみが募っていきました。

行為に及んでも途中で萎えてしまうことも多く、うまくいかない時もありました。彼的には忙しい中で、「子どもを作らなければ」というプレッシャーもあったのかもしれません。

もともと私は、夫に対して言いたいことは言える性格だと思っていたのですが、子作りに関することだけは、協力をお願いすること自体が夫を傷つけることのような気がして、思いをうまく口に出すことができませんでした。どうしたらよいのか相談するあてもなく、ただただ一人で抱え込んで悩んでいました。

やがて熱意も薄れていき、私自身の仕事の忙しさもあり、セックスや妊娠に関する話をするのは、私たちの中でタブーなものになっていきました。

私だって性欲はあるのにまったく求めてもらえない。私は女としての魅力がないのでは、否定されているのではと感じました。夫を見るたびに彼を責める気持ちと、自分への罪悪感がまぜこぜになった複雑な感情がいつも渦巻いていました。世間からも、まともに人の子の親にさえなれない自分を「女として欠陥品」と思われているのではないか、嘲笑されているのではないかと、ありもしない妄想に苦しめられました。

街で妊婦を見かけると、妬みにも似た羨ましさを感じ、不妊治療のSNS仲間が妊娠して卒業していくのを素直に喜ぶこともできない。そんな自分は、本当に人として最低なヤツなのではないかと自分を責めました。

特に同世代の友人たちから届く年賀状が一番嫌でした。幸せそうな家族写真や子どもの成長なんて見たくありませんでした。

ただ夫も私も、お互いの両親からのプレッシャーがなかったのは救いでした。しかし同時に姉たちが子供たちを連れて実家に帰っている姿を見て、とても寂しい気持ちも感じていました。

40歳手前で仙台へと転勤し、再度、不妊治療へと通い始めました。しかし結局お互いで話し合い「夫婦ふたりで仲良く暮らせばいいじゃないか」ということで合意をしました。夫は優しく、治療にはお金もかかるし苦痛もある、仕事もあるし、正直自信も情熱もありません。だから私もそれに合意しました。しかし本当に心から納得したのかと言われるとまだまだ未練はタラタラでした。

それからは、子作り以外でもいろいろあり、離婚を考えた時期もありました。アドラーを学びはじめたのはこの頃です。気がつけば、あっという間に齢50を超えてしまい、モヤモヤを抱えたまま実質的なタイムリミットは終わっていました。

現在の私はこんなことを考えています。「私は本当に子どもがほしかったのだろうか」、と。

私は母親から愛されてきたという実感があまりありません。いわゆる愛着障害というものだったのかもしれません。

母は父とともに自営業をしており、おっとりした姉たちの面倒もみながら、いつもいつも忙しくしていました。休日も遊んでもらった記憶がありません。

長男の嫁である母は姑ともよく揉めており、私はその愚痴の聞き役でした。末っ子である私は母から「お前はお気楽でいい」「アナタにはわからないだろうけど」という立ち位置で見られていた気がします。

そこで私は、母への不満を感じるよりも先に「お母さん大変そう」「お母さんを困らせちゃいけない」と勝手に思ってしまったのかもしれません。それと同時に「私はかわいがられていない」「相手にしてもらえない」「ママはそんなに私を好きじゃない」という気持ちをいつも感じていたのを覚えています。

姉ふたりは、母と同じ長男の家に嫁ぎ、子どもも授かりました。そのため「長男の嫁で子育てに勤しむ〈母＋姉2人連合〉」に対し、私のやるせない想いはさらに募っていきました。もちろん母には悪気はないのだと思いますが、会話の端々で「アナタには長男の嫁であることも子育ての大変さもわからないのよ」と言われ、家族に対する疎外感や、「とにかく、一番理解して欲しい人から、理解してもらえない悲しみ」を感じてきました。私はずっと母親に「私を見て欲しい」と思っていました。「私だって私なりにがんばっているんだよ！」、そんな親や家族、社会や神様にまで「認めてもらいたい想い」で子どもを作ろうとしていたのではないだろうか、そしてそのやるせない想いをわかってくれない夫に、腹を立て続けてきたのではないだろうか、そんなことに気づき始めました。

アドラーを学び、母の育ってきた環境なども鑑みて、母には母の事情があったのだと、やっと頭では理解できるようになりました。それだけでも少しラクにはなれたと思っています。

とはいえ、まだ気持ちの整理がすべてできたワケではありません。夫婦関係も、不幸ではないけど、不安も不満もないといえば嘘になります。でも今は自分の奥にあったこんな気づきとともに、幸せを選んで生きていこうとしているところです。

第3節 「おかしなクセ」の呪いを解く

『女と男 なぜわかりあえないのか』(橘玲/文春新書)の中で、進化心理学者のドナルド・サイモンズは、哺乳類のオスとメスの生殖におけるコストの差をもとに、男女の性戦略の違いをわかりやすく説明しています。曰く、オスは精子の放出にほとんどコストがかからないので、その最適戦略は「乱交(できるだけ多くのメスと性交する)」となる一方、妊娠、出産、授乳と女性の生殖におけるコストは莫大となるため、その最適戦略は「純愛(長くつき合えるオスとしか性交しない)」となるそうです。

人間においてもこの説は概ね当てはまるような気もしますが、実際には、人間の男女の性行動はもっと個別的で複雑でしょう。ここでは、個人が性に対する価値観を確立する上で、ライフスタイルの形成過程における親の影響が大きいのではないか、という仮説を検証したいと思います。

現代アドラー心理学では、ライフスタイル（性格）は概ね10歳ごろまでに形成されると考えています。エリク・エリクソン（1902-1994）が示した年齢区分別の心理社会的発達の考えに基づき、生まれてから最初の10年程度の間に、人間がどのように成長していくのかを振り返ってみましょう（詳細はシリーズ第2巻『家族の教科書』第2章第1節をご参照ください）。

0-2歳の乳児期におけるテーマは「私は世界を信じることができるだろうか？」です。乳児期の子どもにとっては「世界＝母親」と言えるでしょう。授乳を通した母親（固定的な養護者）との関わりが充分でないと、達成すべき発達課題である「基本的な信頼」よりも、「不信」を前提とした世界像を持ったライフスタイルを形成するかもしれません。

2-4歳の幼児前期におけるテーマは「私はありのままの私で良いのだろうか？」です。例えば、トイレトレーニングするこの時期、排泄の失敗を繰り返した場合にダメ出しされることが続いたら「私はありのままの私で良いのだろうか？」というこの時期のテーマに対して、「疑惑や恥」の感覚を不必要に強める可能性があります。

4-5歳の幼児後期におけるテーマは「私は自分が思ったように動いたり行動を選択したりしても良いのか？」です。この時期になると、きょうだいを含めた家族との関係性の中で、探究心を発揮して行動範囲を広げ、新たな活動にチャレンジしはじめます。

ここまでの成長過程で、世界に対する基本的な信頼を確保し、また、ありのままの自分でOKなのだという自尊感情が充分に育まれていれば、この時期の発達課題である「積極性」を獲得することは難しいことではないでしょう。一方、親や周囲の大人が過度に制限を加えたり、大人の価値観に従わせようとしたりすることが重なると、子どもは自分らしく行動しようとすることに「罪悪感」を感じるようになっていきます。

5－12歳の児童期におけるテーマは、「人々やモノが存在する世界で、私は自己成就できるか？」です。毎日規則正しい生活をすること、勉強、スポーツ、芸術など何にしても練習を繰り返していくことなど、「日常的な勤勉」が発達課題となります。

困難を克服する勇気をもって、あきらめずに取り組むことで達成感を得たり、自分に対する有能感を感じたりしながら、自尊感情を良い状態に保てるか？　それとも、他者との比較や、結果だけを過度に意識することで「不健全な劣等感」を抱え込んでしまうか？

私たちは、10歳程度になるまでの間に、親やきょうだい、友人や先生などとの関わりの中で、充分な自己肯定感を土台にしたライフスタイルを確立するか、謎の罪悪感、謎の自己否定に基づく「おかしなクセ」を伴うライフスタイルを選択するかを決めていくのです。

「愛着障害」という言葉を聞いたことがある方も多いでしょう。人間は幼少期においては同質性を求めます。血の繋がった両親とのアタッチメント（愛着）でつながりを感じながら、安心感の中で成長するのです。やがて大人になり、自分の家族を持つ段階になると、今度はより免疫力の高い子孫を増やすためにあえて家族とは異質の遺伝子を持ったパートナーを見つけようとするのが自然の摂理ですが、幼少期に充分な同質的アタッチメントを得られずに大人になった場合、異質性よりも同質性を重視してパートナーを選ぶことがあります。親からの愛の埋め合わせを求めるパートナーシップはゆがんでいると言えます。

エリクソンの発達課題を見直した時に、0歳から12歳までにクリアしておくべき発達課題をクリアしないまま年齢だけ重ねてしまっているところがあるかもしれない、と思い当たる方は少なくないでしょう。愛着障害とは言わないまでも、**ほとんどの人は、大人になった今でも、心の奥底に、幼少期に親に言われた一言が鮮明に記憶に残って、それが自分に自信が持てないような信念（ビリーフ）につながっていることがあるものです。これが、謎の罪悪感、謎の自己否定を伴う「おかしなクセ」の正体です。**この信念（ビリーフ）を手放すことが「セルフ（自己）のタスク」に向き合うことそのものなのです。

日本人は、総じて「幼稚化」しているのではないか、と言ったら言い過ぎでしょうか？

私たちが赤ちゃんとしてこの世に産まれた時、一番大切なのは、母性です。母性は、子どもを「保護したい、しなければいけない」という本能で、父も母も持つものですが、一般論としては、母はより強く母性をベースに子どもに向き合うと言えるでしょう。

私は、日本の母親の多くが、この母性を善かれと思って必要以上に出しすぎ、それが「過保護・過干渉」にまでなっていると推察しています。 いつの間にか、子どもの可能性を信じるよりも、この子は弱いのではないか、私がいなければダメなんじゃないか、と結果的に不信の目で子どもの可能性を低く見積もり、「課題の分離」などお構いなしで、子どもの課題にズカズカと土足で介入し、「あなたのためなんだから」と自分の心配を押しつけている母親がたくさんいます。私の子育て講演会には、過保護・過干渉による子育てに行き詰まり、アドラー心理学にヒントを得ようという母親が、毎月たくさん参加されていますから、私はかなりの確信を持ってこの仮説の正しさを信じています。

過保護、過干渉は、子どもを甘やかせます。また、母親の言動から、子どもは自分が弱く、劣っている存在だ、というメッセージを受け取るので、子どもの自己肯定感は自ずと低くなり、謎の罪悪感、謎の自己否定の「おかしなクセ」を身につけやすくなります。

同姓同士、母と娘の場合で、母親が過保護・過干渉タイプの関わりを続けていると、娘は自己肯定感が低く、ありのままの自分にOKを出せなくなります。「こじらせ女子」と呼ばれる彼女らは、ものごとを何かとネガティブに捉えがちで、傷つくことを過度に恐れるがあまり自己愛も肥大化するので、異性との親密な関係を築くことに躊躇することになります。

過保護・過干渉タイプの母親と息子の組み合わせの場合、息子の「草食男子化」「マザコン化」を招くのではないか、と考えられます。『不機嫌な夫婦』（三砂ちづる／朝日新書）で、著者の三砂氏は、母親は、自分の理想の男を念頭におきながら息子を育てようとすると言います。仕事ばかりで家事も育児も手伝わず、自分に労（ねぎら）いの言葉の一言もない夫に愛想を尽かした母親が、夫を反面教師にして息子を育てた結果、優しいけれども女性に奥手な男性が増えているのでは、と分析しています。息子は息子で、母親を裏切ることはできませんので、いつまでも母親の言いなりのマザコンになる、というわけです。

「ウチには、大きな息子がいるから」と、自分の夫を子ども扱いし、ママ友同士で笑いあっているような光景を目にすることがあります。確かに、結婚生活を円滑に回して行くためには、不安定な男女の関係性を限りなくゼロに近づけ（その結果がセックスレスです）、夫婦も安定した母と息子のような関係にしたほうが、真の幸せを得られるかどうかは甚だ疑問ですが、合理的ではあるのかもしれません。
そんな夫婦関係を見ている娘も、それに嫌悪感を覚えたとしても、いつの間にか自分も同じようにパートナーを息子のように扱っていることになるかもしれません。こうして、古い価値観が世代間で連鎖し、いびつなパートナーシップが徐々にマジョリティになった結果、日本は他国とは全く異なるセックス・ライフが当たり前の社会になってしまったのではないでしょうか?

相互に愛し合い、助け合って「愛のタスク」に対処する夫婦、その先にある「一体化」を感じられるセックスまでたどり着ける夫婦は、一体、どれほどいるのでしょうか?

アドラーは『人はなぜ神経症になるのか』(アルテ)でこう述べています。今こそ、「愛のタスク」に向き合うトレーニングを始める勇気を持ちたいと、私は考えています。

> 愛は、早くから準備しなければならない人生の課題であり、
> 愛のトレーニングは、人生の教育における必須の部分である。

コラム
アドラー心理学
実践インタビュー
9

女性依存からの脱却
不適切な劣等感の補償としての浮気の果てに

匿名希望　Sさん

以前の私はかなりプライベート・ロジック（私的論理）がゆがんでいて、妻以外に付き合っている女性がいてもなんら問題ないと思っていました。いえ、問題がないと言うと言い過ぎで、別の女性がいないと自分を保てなかったというのが正しい表現だと思います。

しかしそんな私でも人生の最後まで一緒にいたいと思ってきたのは妻なのです。

これを読んで、そんな都合の良い話はないと嫌悪感を持つ人もいるかもしれませんが、何かの参考になるかと思い、私の辿ってきた経験をお話したいと思います。

私は学生時代から複数の女性と関係を持つことがあたりまえで、結婚前には今の妻を入れて3人の女性とつきあっていました。

さらに、我が家は子どもが4人いるのですが、出産のため妻が実家に帰るたびに、その数ヶ月の間、新しい女性を見つけては付き合うということをしていました。

当時、私の中で、なぜだか妻にはここまでしか自分を見せてはいけない、見せられない部分は他の女性でカバーしたい、みたいなところがありました。だから家では「良い夫、良い父親」でいて、仕事のドロドロした部分は別の女性に癒してもらいたいと思っていたのです。

これは自己正当化かもしれませんが、妻からもあまり職場の話は聴きたくないといった態度や言動をもらっていたこともあり、その部分は外で対処する必要がある、と考えていたのだと思います。


私には、仕事において、ものすごく強い「ゆがんだ承認欲求」がありました。今考えるとなぜあんなにもと不思議に思うのですが、上司にも周りにも「認めて欲しい、認めて欲しい」とガツガツした態度で接していました。

それで仕事自体をものすごくがんばって成果も出していたのですが、会社がガッツリと年功序列の体質だったため実力はほとんど評価されず、私の欲求はまったく満たされることはありませんでした。

会社への激しい不満や怒り、そんな部分を家に持ち込まず、外で発散するために、別の女性が必要だったのだと思います。女性たちからも「いつも仕事の話しかしないよね」と言われていました。

このゆがんだ承認欲求は、今考えれば、「劣等コンプレックス」であり、「優越コンプレックス」でもあったのだと思います。

私は母親から溺愛され、ひどく甘やかされて育ちました。なぜ母がそこまで私を甘やかしていたのかは今でもわからないのですが、その影響で私は「女性に依存する」というライフスタイルを選びました。

自分には何か女性に訴えるものがあるのか、小学校〜大学まで、周囲にはいつも複数の女性がいて私の面倒を見てくれていました。そんな甘やかされた対人環境の中、子どものまま「自立」しないで大人になったような気がします。

社会人となり、ひとりの大人として生きる必要が出てきた時、周りの自立した男性たちを見て、強い劣等感を感じました。とはいえ当時はそんな自己分析もできておらず、ただただ、なんだか恥ずかしい気持ちや、無用な苛立ちにまみれていたのを覚えています。

それを仕事で成果を出すことで埋めようとしていました。甘やかされ勇気がくじかれた状態で、自己受容のない「ゆがんだ劣等感の補償」をしようともがいていました。

当時の特徴的な出来事があります。複数人ならそれほど問題はないのですが、男性と二人きりだと気を使いすぎて疲れてしまうのです。飲みに行っても、変に緊張し、へりくだってしまうところがありました。それだけ「自立した男性」への劣等感を感じていたのだと思います。

そんな自分のイヤな部分を感じたくなかったし、特に家では見せたくありませんでした。グチャグチャした情けない自分や、会社や社会に対する強い憤りのようなものを家に持ち込んだら、家庭を壊してしまう、家族との関係がうまくいかなくなってしまうのではと感じました。

そこに元来の「女性への甘え」がくっつくことで、妻以外の女性に「依存」し続けてしまったのです。

今思えば、妻を信頼（他者信頼）できていなかったのだと思います。弱くてかっこ悪い自分など受け入れてもらえるはずがないと逃げていたのです。

末の子が生まれてからは本当に浮気はしていません。

妻がもう実家に出産に帰ることもなく、物理的に浮気しづらくなったということもありますが、かわいい末娘の顔を見てからは、自分のどうしようもない生きづらさと本気で向き合わねばと思うようになり、やがてアドラー心理学にも出会いました。

いまは自分の劣等感への理解や取り扱い方もわかるようになり、ゆがんだ承認欲求もほとんど感じなくなりました。

会社でもストレスなく、お気楽に働いており、家で会社のグチや泣き言もこぼしています。

もう私たち夫婦も一緒になって結構な年月が経ち、子どもたちも大人になりました。

今回お話させていただいたことは、実はこれまで妻にはバレないようにして来たつもりだったのですが、実際は結構気がついていた様子です。

直接的に過去のことを妻と話した事はないのですが、彼女と酒を飲む時には、それとなく釘を刺すような発言がチクチクと出てきます。やっぱり女性の嗅覚はスルドイなと感じています（笑）。

カッコワルイやら情けないやらと感じる部分もたくさんありますが、それでも許してくれる妻の器の大きさに感謝しています。

そしてそんな弱く情けない自分を家庭でも見せられるようになった自分にもホッとしています。もう家庭の中と外で2つの顔を使い分ける必要はなくなったのではないかと思っています。

第5章

自己の内面に向き合う

第1節 ハートボイスに耳を傾ける

共同体感覚とは、自分は他者と共生している、常につながっているという感覚であり、つながっている他者に関心を持って、共感的に関わろうとする感覚のことです。アドラーは、私たちに潜在的に宿っているこの感覚は、一方で、意識的に開発されなければならず、またそれはゆっくりと時間をかけて育っていくものだと考えました。

子どもにとって教育がいかに大切か、ということですが、果たして、現代の日本の親や学校が子どもに授ける教育は、どの程度有効に、子どもたちの共同体感覚を育むことに貢献できているでしょうか?

親というのは、子どもを無条件に愛しているものです。ありのままの我が子をまるっと受け入れたいと、心の奥底では思っています。敗戦後の貧しい日本に生まれ、「物質的な豊かさ＝幸せ」という幻想を信じ、懸命に努力し続けた私たちの親の世代も例外ではありません。そして、長時間労働を厭（いと）わないモーレツ社員の父親と、自分のことは後まわしにして夫を支え、内助の功として家事と育児を一手に担う母親が、我が子に対し、もっと幸せになってほしい、もっと豊かになってほしいと願い「教育」に力を入れました。

ただ、この時の教育方針はその時代背景から、「同級生に負けないように競争に集中して、今は目の前の幸せや楽しさは我慢しなさい。ちゃんと努力を継続すれば、いつか報われるから」というものになりました。生産性重視の社会の風潮をそのまま受け入れ、いつの間にか「無条件の愛」とはほど遠い、「条件つきの愛」に基づく「教育」で、団塊ジュニアの私たちを育てようとしたわけです。

「あなたのため」という愛情あふれる言葉でコーティングされた、過剰な親の期待を背負ってきた私たちは、「これができなければ、私は親に愛してもらえないのでは?」「期待に応えられない自分は、嫌われるのでは?」と、罪悪感と劣等感を必要以上に増幅させて「おかしなクセ」を身につけて大人になった、自己肯定感が低い世代になりました。

先に述べたとおり、親は本来、無条件で子どもを愛していますから、私たちの心の奥底に根づいている罪悪感や劣等感は、ただの思い込み、妄想の賜物なのですが、それに気づかない私たちは、自分たちが親になった今、親がそうしたのと同じように、偏差値や会社の規模や年収などのわかりやすい物差しで、子どもに他者との競争に勝つこと、生産性重視の社会で生き抜くことばかりを求めてしまっているのかもしれません。

戦後、日本のＧＤＰ（国内総生産）は６倍に急進しましたが、その間、国民の生活満足度は、ほぼ横ばいでした。今の幸せを後回しにして、自己犠牲を自分にも周囲にも強いてきたのですから、この結果も当然でしょう。経済至上主義の「日本株式会社」がバブル崩壊で壊滅し、一時は世界第2位の経済大国だった我が国の、国民一人あたりＧＤＰは30位（２０２０年）まで凋落、その間、国連による「幸福度ランキング」の結果は毎年ジリジリとその順位を下げ続け、２０２１年度は対象１４９カ国中の56位という体たらくです。

経済至上主義で働きまくったところで大した稼ぎにもならない上に、その生活の先に幸福があるわけでもないと証明されているのです。バブル崩壊後に産まれた若者たちの多くが、将来に希望を見出せずに、恋愛も結婚も、仕事でチャレンジすることも回避したくなる気持ちになるのも、全面的に同意はできないまでも、充分に共感はできます。

ここに来て、ようやく、身体的・精神的・社会的な健康が持続している状態を表す「ウェル・ビーイング」という言葉が注目されるようになりました。日本社会は、昔から他者への思いやり、公共心、おもてなしの心を共通の価値観として共有していました。戦後の約80年は、経済至上主義を錦の御旗に、伝統的な利他の精神に、過剰な自己犠牲や滅私奉公の精神を付け加えた生き方を、多くの人が疑うことなく選択してきたのです。

ところが、**社会の前提がぐるっと180度切り替わる時代の潮目が到来した今、80年もの間、優先順位を下げられていた「本当の幸せとは何なのか?」「本当に自分が求めている生き方とは?」「自分の人生の意味はどこにあるのか?」といった本質的な問いに向き合いたくなる想いを、多くの人が抑えられなくなったのではないでしょうか。**

人間は、他の生物と異なり、自分のことをもう一人の自分が俯瞰して見ることができる特性を持っています。禅僧の藤田一照氏はこれを「社長の自分とマネージャーの自分」と表現します。社長の自分は、「心の声（ハートボイス）に忠実に、自分がワクワクする生き方を求める自分」です。一方マネージャーの自分は、「失敗するかもしれない、社会的には評価されないなどと、社長に再考を促す自分」です。もしかしたら、私たちは親の意見や世間体などに影響される「マネージャーの自分」にばかり耳を傾け、「社長の自分が聴いている心の声（ハートボイス）」を軽視し過ぎてきたのかもしれません。

「セルフ（自己）のタスク」とは、自分のウェル・ビーイングの向上を目指して、理想と現実、自分らしさと劣等感、目標達成とストレスなどの狭間で揺れ動く「社長の自分」と

「マネージャーの自分」の両方に注目することだと、私は解釈しています。

日本には「ごきげんよう」という挨拶の言葉があります。相手の健康、ウェル・ビーイングを気づかう素敵な挨拶ですが、自分で自分に「ごきげんよう」と声かけすることを習慣化してはどうでしょうか。**自分のご機嫌（ウェル・ビーイング）は、親やパートナーなどの近親者に世話してもらうものではなく、自分の内面にいつも耳を傾け、自分らしくニコニコとご機嫌で過ごせる自分を、自分が創り出すのだ、という気構えです。**

思い返せば、自分のウェル・ビーイングが低下している時は、親やパートナーや子どものやることなすことが気にくわず、イライラをぶつけてしまったりするのではないでしょうか？ 逆もまた真なり、で、家族からイライラをぶつけられる時、家族のウェル・ビーイングは間違いなく低下しているでしょう。

あなたが子どもなら、親にケアしてもらって、ご機嫌を取り戻す、ということも認められるでしょうが、おそらくこれを読んでいる読者は成人しているはずです。結婚している、子どもを育てている、というように、日々「愛のタスク」に直面しているのであれば、そろそろ**子どものように「誰かに愛される自分」を前提にするのではなく、「他者を愛する自分」を前提にした生き方にシフトすることを決意してはどうでしょうか。**

仏教でいう「心身一如」とは、心と体は密接に結びついていることを意味します。アドラー心理学でいう「全体論（意識と無意識、理性と感情、心と身体、のように人間を分割して、相互が矛盾していると考えず、全体で捉える）」と同じ考え方です。

ウェル・ビーイングの向上に向けて「セルフ（自己）のタスク」にしっかりと向き合い、自分で自分のご機嫌を取るという振る舞いを、3つのポイントにまとめてみました。

- 心の声（ハートボイス）にしっかりと耳を傾け、行動に反映させる
- 体調を整え、自己と外界との境目を認識できるよう身体感覚を研ぎ澄ます
- 「課題の分離」をベースに、他者との適切なつながりの度合いを調整する

自己犠牲を伴う他者貢献ではなく、むしろ自己満足からスタートする他者貢献ができるようになった時、それは見返りを期待しない愛による奉仕、つまり共同体感覚あふれる言動ができるようになったことを意味します。「愛のタスク」に適切に対処するためには、共同体感覚が不可欠であり、共同体感覚を持つためには「セルフ（自己）のタスク」に丁寧に向き合い対処することが必須の時代になった、と言えるのではないでしょうか？

このように、「セルフ（自己）のタスク」に向き合い、本当の自分が求める生き方がクリアになってくると、パートナーシップをバージョン・アップさせ、強固にしていこうという方向に進む場合と、それとは逆に、このパートナーシップは終わらせて次のステージに行ったほうが良さそうだ、という方向性が見えてくる場合とに分かれます。端的にいえば、結婚を継続するのか、離婚を選択するのか、という「究極の愛のタスク」に直面するということです。ここでは、結婚がマル、離婚がバツといったような社会的な評価は一切関係なく、見つめ直したセルフ（自己）に忠実であるかどうかを大切にしたいと考えます。

厚生労働省が毎年発表する人口動態統計によると、２０２０年発表の２０１９年の離婚件数は、20万８４９６組で、２０１８年より１６３組増え、離婚率は０・１ポイント上昇し、１・69となりました。２０１９年9月から２０２０年8月の1年間の離婚件数は19万９０２４件ですので、コロナ禍で離婚を踏み止まったカップルが増え、その分離婚件数が減った可能性があります。

社会学からも経済学からも、日本人は結婚の条件に愛情だけでなく経済力も重視することが判明していますが、このことは離婚の条件にもなり得ます。つまり、金の切れ目が縁の切れ目とばかりに、経済状況が維持されないことで婚姻関係が破綻したり、逆に、愛情はとっくになくなっているが、経済的な観点から離婚はしない仮面夫婦がかなり多かったりするような状況があるということです。さらに、世間体を意識する風土があり、子どもがいる場合は、カップルとしての関係は破綻していても、離婚できずにいる、もしくは意図的に離婚しないでいるカップルもかなりの数になるでしょう。**統計上の数字には現れないが、実質的に婚姻関係が破綻しているカップル、「愛のタスク」を協力して乗り越えることを放棄しているカップルはかなり多いと推計できそうです。**

村上龍は2000年に『希望の国のエクソダス』（文春文庫）という小説を発表しました。当時の近未来、2002年の秋に中学生80万人が一気に不登校となり、ネットでビジネスを展開し北海道に新たな街を創るというストーリーですが、国会に参考人招致された中学生のリーダーはネット通信経由で**「この国には何でもある。本当にいろいろなものがあります。だが、希望だけがない。」**と言い切り、大人たちを凍りつかせる場面が出てきます。

2020年代に突入した今、若者が希望を見出せない閉塞感が続いています。**自分の心の声（ハートボイス）に耳を傾けることを忘れて、ウェル・ビーイングが低いことが常態化してしまい、子どもたちに希望のバトンを渡すことができないままの私たちが、人生の後半に、何を大切にし、どのような生き方を選択するのかが、問われています。**

コラム
アドラー心理学
実践インタビュー
10

「いい子」をやめられなかった私たち

離婚を乗り越えて

匿名希望　Yさん

２０１１年の春、突然夫から「好きな人がいるから離婚したい」と切り出されました。大震災の未曾有の体験から、彼の中で「自分の命がいつ終わってもおかしくない、だから後悔したくない」と思っての決断だったのかもしれません。

しかし、当時の私の中に「離婚」の二文字はなく、さらに相手側に否があるわけで、その申し入れは到底受け入れられないものでした。

今思えば、「相手と価値観が一致していることが良い」と思ってきた二人が、相手に合わせようとガマンし自己犠牲し続けた末に、起こるべくして起こった出来事だと思います。

お互い、長男長女で、親の言うことを良く聞く「いい子」として育ってきたふたりが結婚しました。だからお互いがお互いの言うことを良く聞こうとしたし、お互いに合わせようと努力しました。

でも私達はそうやって「いい子」ぶるだけで、自分がなかったのだと思います。相手を尊重するのではなく、自分を押し殺して従うことしかできなかった。これが「いい子」の私達がたどりついた末路です。

「あの人はあの人、私は私」と、価値観が違ってもいい、無理やり合わせる必要はない、ということをただ受け入れればよかったのだ、ということが今では分かります。


離婚を切り出されてから私はひとり「話し合えばなんとかなる」と信じ、抵抗し続けました。「私は何をしたらいいの?」「どうしたら離婚しないでいてくれるの?」と、とにかく夫の機嫌を損ねないよう、ビクビクしながら腫れ物に触るように日々暮らしました。

「添い遂げる約束をした」という言葉で相手を責めたり、「子どものためにも離婚すべきではない」などと考え、彼の本心と向き合うこともせず、私自身はどうしたいのかという気持ちを考えることもなく、ただただ「いい子・良き妻」をやめようとしませんでした。

離婚することで親や周囲からの「ダメな子」の烙印を押されることの怖さから逃げていたのかもしれません。

そうやって1年も経ったころ、ひとりでは抱えきれず、たまらず友人に相談したところ、アドラー心理学と出会うことになります。

アドラーを学びたての頃は新しい発見ばかりで、「これで関係修復ができるかも」と思っていました。さっそく夫に実践し「感情的になったら離れる」とか「よく話を聴く」など、教わったことをよくよくやっていたと思います。でも状況は一向に改善されていきませんでした。

そんな時、ある人に夫との関係を相談してみたところ、「ダンナは関係ない」という言葉をもらいました。

最初は「はぁ? 何それ?」と思ったのですが、その後もずっとその言葉が気になっていました。それで心が苦しくなるたびに「ダンナは関係ない、ダンナは関係ない……」とブツブツとつぶやき続けたところ、2ヶ月ほどたったある日「あ、私は彼といても幸せにはなれない!」「違うんだ!」とストーンと腹に落ちた瞬間がありました。

私は「関係修復」をしているふりをして、あいかわらず「いい子」でいることに執着していたことに気づきました。「ダンナは関係ない」というコトバも、その時はなにを言われているのかわからなかったのですが、まさに「課題の分離」であり、相手のことは相手のこと、私が（いい子でいることで）変えられるものではない、私は「私がどうしたいのか？」という本心にキチンと耳を傾け、どう行動するかは私が決めていい、ということに気がつきました。

それからしばらくして離婚調停がはじまりました。

ここでも、課題を分離し、共同の課題にすることの繰り返しでした。名前のこと、お金のこと、感情に訴えることなく、代理人を通しながら、冷静に相談していくことができました。これは本当にアドラーを学んだおかげで出来たことだなと思います。

離婚調停の最後の別れ際、彼が「ありがとう」と言って泣きながら握手を求めてきました。ああ振り返れば、この人はとても誠実な人だった。過去の記憶がたくさんよみがえり、私はとても大事にされていたんだなと気がつきました。

調停中も、離婚は私たち夫婦の問題で、娘たちには関係がない、娘たちに幸せであって欲しいという気持ちはお互い一致していました。だから離婚後も毎月の養育費もキッチリ支払い続けてくれています。

離婚して4年が経ちます。もう彼とは連絡をとることはありませんが、今ではその通帳の数字を観るだけで、本当に愛のあるすごい人だったんだと感じています。


私たちふたりは、自分よりも他者を優先することばかり考えて生きてきました。

幼き頃、大人たちが忙しい家庭の中で、親の望むよう長女として家事を行い、弟たちの面倒を見てきた私には、それはアタリマエのことでした。でもそのアタリマエは、互いに「自立した関係」を求められる大人同士にはもう必要なかったのです。

私は「他者のために生きる」ことを、彼のおかげでやめられることができました。お互い歯車の掛け違いがあったけど、今は彼も私もよくがんばってきたなと思えている自分がいます。

彼が最後にくれた「ありがとう」を思い返すと、あの人も、もしかして同じ気持ちだったのかもしれない、そう感じています。

第2節
パートナーシップをバージョン・アップする

ドライカースは『人はどのように愛するのか――愛と結婚の心理学』（一光社）の中で「解決の発見」と題し、夫婦間の「愛の課題」への対処ポイントを明示しています。

まず、当シリーズでも第1巻から繰り返し提示している「共感ファースト」、つまり、相手に共感や変化を期待する前に、自分から相手に共感を示し、自分が変わることを決意した場合にのみ事態は前に進むということを明確にしています。

ドライカースは「実に奇妙なことですが、別れてからお互いをより深く理解できたという話をよく聞きます」と述べ、結婚している間は、お互いの恐れやプライドが邪魔をして、お互いに相手が見えなくなること、相手の欠点に注目し、われ先にと批難することで、自分の不適応の言い訳をしがちになることを指摘しました。

私たちは、誰ともつながりを持たずに、孤独に生きることはできません。誰かとつながり、親密な関係性を築き、協力しあうことで初めて、人生の課題、ライフタスクを克服することができるのです。ところが、この**パートナーシップを「相手は私を幸せにしてくれる存在」と捉えると、長続きしません。自分のことは棚にあげ、相手に甘えて、要求過多になり、自分の思い通りに「してくれない」と相手を批難するのは、甘えん坊の子どもが自立のための努力を回避して、親に駄々をこねているのと同じことです。**

パートナーシップをバージョン・アップする必要があります。ドライカースは、「幸福のためには、正しいとか間違っているという問題は重要ではありません。それよりも、相手の欠点と長所を受け入れることが重要です」と、パートナーシップの極意を簡潔に表現しました。

あなたが完全でなくても私は愛しています。
あなたを愛しているからありのままを受け入れています。

この言葉を、お互いに言い続け、実践するのは、臆病な私たちにとっては簡単なことではないでしょう。しかし、ここから逃げていたら「愛のタスク」は解決されないのです。

今一度、「どうしたら、私はあなたと仲良くできるのか?」というシンプルな問いに立ち返り、喧嘩して勝てば解決するという幻想を捨て、自分の「正しさ」への執着を手放すのです。ドライカースは「最初は不十分でも、自分の気づきが増加すれば勇気が増します。自信が増すと傷つきやすさが減り、もっと相手の役に立つ有能な人間になれます」と、バージョン・アップには練習する覚悟と時間が必要だと述べています。

マインドフルネスを世界中に広めた禅僧ティク・ナット・ハンの著書『愛する』(河出書房新社)で、ハンは真実の愛は「やさしさ、思いやり、喜び、おおらかな広い心」という4つのエレメント(要素)でできていると言います。これは仏教における「四無量心」のことだそうです。

更に、この伝統的な愛の四要素とともに、真実の愛には、尊敬と信頼というもう2つの要素があるとし、「誰かを愛するには、信頼と自信が不可欠です。そのためには、まずはあなた自身への信頼、尊重、自己肯定が必要です。信頼のない愛は、まだ愛とは呼べないものです」と説明します。アドラー心理学「幸せの3条件」の「自己受容(ありのままの自分、不完全な自分を認める勇気を持つ)」と見事に一致します。「セルフ(自己)のタスク」に真摯に向き合うことが、パートナーシップのバージョン・アップにとって不可欠であることにも納得がいきます。

「愛のタスク」と「セルフ（自己）のタスク」に向き合うことを避け、いつの間にか何十年も結婚生活を継続しているカップルも多いようです。『なぜ妻は夫のやることと成すこと気に食わないのか』（石蔵文宣／幻冬舎新書）の著者は男性更年期外来のクリニックを運営し、600名以上の男性の相談に乗ってきたそうです。


主に仕事がストレス要因になってメンタルに不調をきたしてクリニックに訪れる男性を診察するうちに、彼らの妻にも夫と同様の心身の不調に苦しんでいる人が多いことに気づいたと言います。そして、夫に抱いている不平不満を全て吐き出してもらい、夫婦間のコミュニケーション不足を解消するカウンセリングなどを行ったりすると妻たちの体調不良が呆気ないほど簡単に治っていく症例を数多く診てきた著者は、**夫の言動や存在そのものが大きなストレスとなり妻の心身に様々な不調が現れる状況を「夫原病（ふげん）」と命名し、これが話題を呼びました。心当たりのある夫婦が多かったということでしょう。**

「愛のタスク」や「セルフ（自己）のタスク」に向き合うよりも、目の前の仕事や子育て、家事、介護で目一杯で、それどころでは無かった、という声も聞こえてきそうです。教育、住宅、老後の資金など長い人生に必要なお金のことや、世間体、親の目、子どものことを考えると、もうとっくに愛情はなくなっているが、今さら離婚するわけにも行かない、と諦めている方も多いと思います。一方では、子どもの独立や住宅ローンの完済、定年退職などを契機に、熟年離婚する件数も増えています。やはり、**日本の結婚生活においては「お金」がとても重要な要因になっていることがわかります。**

どちらが良い、というわけではありませんが、欧米では共働きが前提で、夫婦で独立採算制を採用しているパートナーシップの方が多く、また、結婚の維持にはセックスを含めた親密な関係性があることを重視するため、セックスレスが発生しにくく、逆に愛情がなくなれば、それのみを理由に別れを選択するカップルも多いようです。

パートナーシップの継続にとって、「お金」が重要であること自体は問題ではないと思います。もしそうなのであれば、経済的な課題（「お金のタスク」と言っても良いかもしれません）もタブー視せずに、しっかりと夫婦で向き合い、お金の貯め方、増やし方、使い方などに関してルールを設定するなどの具体的対策をしていけば良いと思います。

先に、私たちは、誰ともつながりを持たずに、孤独に生きることはできないと述べました。ここまで本書を読み進めたことで、読者は共同体感覚の必要性を十分に理解したことと思います。

共同体感覚を発揮できる人になる、ということは、自立した人に成長することだ、と言い換えられるでしょう。当シリーズの第1巻『育自の教科書』で、私は自立を下記のように定義しました。

自立とは

- **保護者（通常は親）の保護から精神的に独立して**
- **自分のことを信頼しながら**
- **社会（他者）との適切で建設的な関係を構築して生きていくこと**

自立した人は、自分で自分のことを勇気づけることができるので、自らが直面するライフタスクを自己の責任において克服していくチカラを持てるし、同時に、必要に応じて信頼する他者の助けを求める勇気も持ち合わせています。そして、自分は他者をも勇気づけることができるチカラを持っていると、自分のことを信じています。さらに、そうした自分のチカラを使って、他者のため、社会のために何らかの貢献をしていこうという共同体感覚を持っているのです。本書で私たちが学んできたポイントをまとめておきましょう。

「愛のタスク」をはじめとしたライフタスクに真摯に向き合うことで、夫婦は幸せなパートナーシップを体感できるようになります。この時、夫婦には、互いの欠点やライフスタイル（価値観）の違いを受け入れ、互いに協力しあう努力を継続する覚悟を決めることを求められます。

そのためには、幼少期から培った「おかしなクセ」「恐れ」という妄想を手放す勇気を持つことが必要となり、自分のライフスタイルを今一度見直す、つまり、「セルフ（自己）のタスク」に向き合うことになります。「セルフ（自己）のタスク」に向き合うとは、すなわち、（1）自分の心の声（ハートボイス）に耳を傾け（2）自分の身体感覚や直感を取り戻し（3）「課題の分離」を実践し他者との適切な距離感を維持できるようになることを言います。（1）（2）（3）のトレーニングを続け、自立した大人への成長に取り組むことで、パートナーシップがバージョン・アップし、眼前の幸せを体感できるようになります。このトレーニングを続けるためには、そもそも、自分には「幸せの3条件」がすでに備わっていると、無条件で信じることが必要となります。

この無条件の自己信頼に不可欠な「スピリチュアル（精神世界）のタスク」への向き合い方は、終章で取り上げていきましょう。

コラム
アドラー心理学
実践インタビュー
11

Wの法則
夫婦生活40年の歩みから学んだこと

佐藤泰三さん

私たち夫婦は学生時代からの付き合いで、社会人になってからすぐに結婚しました。夫婦生活40年を振り返ってみると、私たちが試行錯誤しながらも、なんとかここまでやってこられたのは、その都度「目標の共有」があったからだと感じています。

まず2人が一緒に暮らすところから始まり、仕事、出産、そして子育てと、夫婦を取り巻く環境は常に変わっていきます。その変化の中で、家庭を維持しお互いが足並みを揃えるためには、向かっている方向を常に確認し合う必要がありました。

子どもが小さい頃はまず子育てを最優先する、今年は自営の妻の仕事の立ち上げに注力する、この1年間は子供の進学を家族全員でサポートする。こんなふうに「今年はこういう方向性で」と、気がつけば目標地点とその優先順位を毎年共有してきていました。

私と妻は性格が似ているところもありながらも正反対な部分も多く、他人なんだから価値観は違って当然、だから確認しなきゃわからないとお互いが考えていました。そのため自然とこんなことが出来て来たのかなと思っています。

合わせて「共通の目標」以外に、「個々の目標」というものも存在します。「夫だけの目標」「妻だけの目標」ということです。

私は、夫婦は「V」の字を2つあわせた「W（ダブル）」の状態でいるのがいいと思っています。指でピースサインを作って左右の人差し指をくっつけてみてください。その「W」の中央の山が「共通の目標」で、ここは夫婦2人で一生懸命協力しあって乗り越えていくところです。

そして「V」のもう片方、左右の手それぞれに外に伸びる中指は「個人の目標」です。ここは特に協力する部分ではなく、お互いで「共有」だけはしておき、不必要に「介入・干渉」はせず、相手を「尊重」する。たとえばそれは「趣味の探求」や「資格取得」、「友人付き合い」「ボランティア」など、個人的に取り組みたいことになります。

このようにお互いがお互いの領域を持っていることが、とても大切だと感じています。

ひとつの共通目標だけだと、2人がいつも同じ方向ばかり向いていて息が詰まってしまうかもしれません。設定した目標によっては片方の負担ばかりが増してしまうこともありえます。

また個人の目標だけを尊重するよ、お互い好きにしたらいいと、カッコいい事だけ言っていても、それでは各々が勝手に動いてしまうだけで家庭はないがしろになってしまうかもしれません。

この2つの「目標」をバランスよく両立させていけるようお互いに配慮し行動していくことが、自己犠牲することなく家庭・夫婦関係も、自分自身も大切にしていくコツだと感じています。幸い私たち夫婦には「2人でお店を持つ」という共通の夢があったので、それもスムーズにできた要因かもしれません。

この「Wの法則」を私たちが実践するために、夫婦間で必要だねと申し合わせてきたマインドセットはこの4つです。

夫婦とは、ともに人生を織りなしていく唯一無二の同士（戦友）
夫婦は、対等であること
夫婦は、共通の部分で協力し合う
夫婦は、不必要に干渉しない

私は会社員時代、人材部門のマネージャーをしていた時期が長いので、こういうことを整理し提示するのが好きみたいです（妻にはちょっとメンドクさがられています（笑））。

まず「同士」だと感じられていないと、一緒に「協力」して家庭を作り上げていくことは難しいと思います。そもそも「共通の目標」を持つとは同士になるということです。
「対等」であることは、人として対等であるということで、仕事量や収入の量によって優劣が決まるものではありません。対等であると思えていないと「私だけが子育ても家事もやっていて不公平！」「オレの方が稼いでるじゃないか！」といった権力争いに突入してしまうかもしれません。いつも対等な立場から、どう協力分担できるのかを考えていきます。

「干渉しない」というのは、「個々の目標」について相手の領域を尊重し土足で踏み込まず、相手の行動を信頼するという意味です。もちろん夫婦の間柄ですので、必要により「そっちは大丈夫？　手伝えることあったら言ってね」とお伺いする場合もありますが、基本は相手におまかせします。

このWの法則と4つのマインドセットは、佐藤家のさまざまな失敗を経てたどり着いたものですが、8年ほど前にアドラー心理学に出会った時には、「課題の分離」や「共同の課題（＝目標の共有）」、「他者信頼」「ヨコの関係」「協力的な態度」など、私が人生の中で学んできたものを改めて明確に示してくれたようで、これでよかったのだと自らを肯定することができました。

アドラーを学んでからは「目標の共有」を、ライフタスク（仕事、交友、愛、セルフ、スピリチュアル、お金）で表をつくり、妻と私で　たまに確認し合ったりして楽しんでいます。

ライフタスクと言えば、家庭ではとかく「お金」の使い方に関して揉めがちだと思います。妻、夫にはそれぞれの育って来た家庭の固定観念みたいなものがあります。「お金は夫が稼いでくるもの、工面するもの」「家計は妻が管理するもの」「貯めるもの」「使うもの」このような価値観の相違をすり合わせ、お互いが心地よい合意を得ておかないと、夫婦としてとても不満がたまりやすいところかと思います。

できたら「共通のおサイフ」と「個々のおサイフ」を分けて、協力と不干渉を守っていくことは、家庭を平穏に保つためにとても大切なことかなと思ってます。アドラー心理学のライフタスクの分類の中にも、ぜひ「お金のタスク」を入れてもらえたら嬉しいです(笑)。

〝夫婦のカタチ〟はそれぞれだと思いますが、結局、アドラー心理学が伝えていることは誰にとっても「普遍的」なもので、でもそれこそが、やっぱり一番大切なものだったのだと40年経った今、実感しています。

これからも「Wの法則」をベースに、お互いを尊重しあえる夫婦でいられたらいいなと思っています。

終章

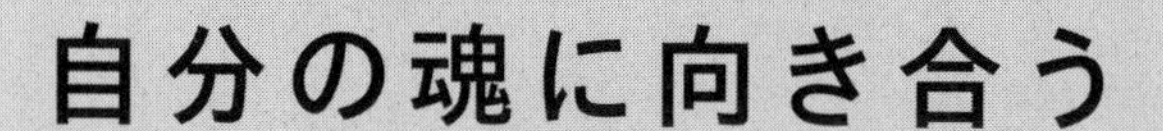

自分の魂に向き合う

２０１９年12月に中国の武漢から始まった新型コロナウイルスの蔓延により、世界中の日常が一瞬にして失われました。もうコロナ以前の世界に戻ることはできません。「私たちは、ウイルスを撲滅すべき敵とみなすのではなく、ウイルスも地球に生息する仲間として受け入れ、共生する道を探る方が良い」などと言ったら、何かおかしな宗教にでも洗脳されたのか？と訝しがられるかもしれません。

しかし、これは生物学者の福岡伸一氏のメッセージを要約したものです。福岡氏曰く「絶え間なく少しずつ入れ替わりながら、しかし全体としては統一を保っていることを動的平衡という」とし、これを地球上の生命の本質だと言います。海や山などの大自然に身を置けば、誰もが自然に対して「畏怖の念」を抱きますが、ウイルスもそんな自然の一部であり、だからこそウイルスを「正しく畏れる」ことの大切さを訴えています。

２０２１年4月に惜しくも他界された分子生物学者、村上和雄氏は「サムシング・グレート」という概念を提唱しました。小さな細胞の中に膨大な生命の設計図を持ち、精妙な働きをする遺伝子の研究をするなかで、生命の本質には人間の理性や知性だけでは説明できない「何か偉大なる存在」があるに違いないという考えに至ったというのです。

私たちは、知性を武器にして、非科学的、非合理的なものは認めずに、なんでも科学的、

合理的に解決できる、というような「頭でっかち」な思考に陥ってしまっていたのかもしれません。高倍率の電子顕微鏡でようやく確認できるような極小の粒子であるウイルスに、世界中の人々が翻弄されている現状は、近代化以降の私たちの傲慢な思考に対して、「サムシング・グレート」が再考を促していると考えることはできないでしょうか。

「スピリチュアル（精神世界）のタスク」とは、自己を超越した神的・霊的・宇宙的な存在や自然など、自己を取り巻く超越的存在といかに向き合うかという課題を言います。

アドラーは、共同体感覚を様々な表現で説明しましたが、その中で「良好な状態の時には、家族だけではなく、一族、国家、全人類にまで拡大」し、さらには「動物、植物や無生物まで、ついには、宇宙にまで広がる」と述べたのです。この説明を読めば、アドラーも「サムシング・グレート」の存在を意識しながら、人類の幸福追求の先にスピリチュアルなものを見ていたのではないか、と推察することも可能だと私には思えます。

2020年の5月、日本の歴史上初めての「緊急事態宣言」が解除された週に、私はインターネット上でトーク・イベントを企画し、仲間とともに禅僧の藤田一照さんとの鼎談に臨みました。そこで氏は「ステイ・ホームという言葉が繰り返されたが、あれはステイ・イン・ザ・ハウス、家という箱の中から出るな、ということだった」とし、「**ホームとい**

うのは、建物としての箱のことではなく、ありのままの自分でいられる、穏やかな気持ちになれる居場所のことを言う」と解説してくれました。そして、参加者に「みなさんは、家の中にステイしている間、そこにホームを感じましたか？」と問いかけました。

「愛のタスク」の舞台である家庭は、いま、ホームとしての機能を果たしているのでしょうか。経済至上主義を無批判に受け入れ、時間と心のゆとりを失っている多くの私たちに対して、三砂ちづる氏は著書『不機嫌な夫婦』（朝日新書）の中で、古くから人間が幸せを感じる家庭の本質は変わらないのではないか、と提起します。

「性関係を媒介とした対を中心にする家族は、それこそ、いいかげんでも、わがままでも、元気でも、病気でも、学校の出来がよくても、そうでなくても、同じことばかり喋っていても、とにかく一人ひとりの安心できる場をつくる最小単位であったはず」とし、家庭の基礎になっている夫婦が「許し許され合って互いをいとおしんでいる、という関係が中心でしっかりしていれば、その周囲で暮らす人たちはおちついていられます」と、シンプルに、穏やかで幸せそうな家庭の本質を描写します。

ブルース・リーは、映画「燃えよドラゴン」で「Don't think. Feel.（考えるな。感じろ）」という名セリフを遺しました。私たちは、そろそろ少しスローダウンして、激変する環境にただ闇雲に反射するのではなく、状況を受け止め、じっくり観察し、頭の中だけで解決しようとせずに、身体全体で感じ、心の声（ハートボイス）に従った行動を選択できるよう、人間が本来持っていた時間と心のゆとりを取り戻しても良いのではないでしょうか。

「人生の生きる意味」や「自分にとっての本当の幸せ」を見失うほど、忙しない世界に身を置く私たちの多くが、いま、スピリチュアルな世界に惹かれ、「サムシング・グレート」との「つながり」を感じるために、瞑想、ヨガ、呼吸法、坐禅などに取り組んだり、山登りやキャンプなどで自然と触れようとしたり、占星術の動画をこぞって閲覧したりしています。

マリーナ・ブルフシュタイン博士（アドラーユニバーシティ（大学院）教授、国際個人心理学会副会長）は、この数年、最新のアドラー心理学を伝えるべく日本のアドレリアンに向けた講座を開講してくれています。２０２１年のある講座で、博士は「私は、ライフタスクという言い方をあまり好みません。代わりに、ライフタイズという言い方を使いたいと思います」と興味深いコメントをされました。タスク（課題）と捉えると、どこか解決すべき問題、というネガティブなイメージが想起されるが、私たちは常に他者との「つながり・結びつき＝Tie／タイ」の中にあり、そのつながりへの対処をしているのだから、「ライフタイズ」の方がしっくりくるという提案で、私は、なるほど、と膝を打ちました。

この話を聞いた時に、私は自分の中にある「スピリチュアル（精神世界）のタスク」を思い起こしました。それまでも、神社めぐりなどは嫌いではありませんでしたが、コロナ禍で時間ができてから、しばしば明治神宮を参拝したり、ジョギングをかねて近所の七福神を祀った神社を巡ったりしていたのです。

少し興味を持って神社や神道のことを調べ始めると、次のことを知るに至りました。以下は、東京入谷にある「小野照崎神社」（852年創建）の公式noteからの抜粋です。


「結び」という言葉のルーツは、日本神話に出てくる「産霊」（ムスヒ・ムスビ）といわれています。「産霊」は古くから神道においても大事な観念として語り継がれています。「ムス（産）」には〝生み出す〟、「ヒ（霊）」には〝神霊の神秘的な働き〟という意味があり、ムスヒ（産霊）とは、「結びつくことによって神霊の力が生み出される」ことだと解釈されています。

また、自分の子どものことを「息子（ムスコ）」「娘（ムスメ）」といいますが、実はこちらの言葉もムスヒ（産霊）から生じた言葉なのです。「息子」は「むすびひこ」、「娘」は「むすびひめ」という言葉の略称なのだそうです。

アドラー心理学が最重視する「共同体感覚」は、他者との「結びつき」の大切さを訴えるものです。日本神話のスピリチュアルな物語に登場する神々の名前にも「ムスヒ」という言葉が隠されているということや、おばあちゃんやお母さんが素手で握ってくれた、日本人のソウルフードも「おむすび」ということなどに思いをいたすと、私たち日本人の精神性の中にある「結び」への想いは、アドラー心理学の根幹としっかり「結びついている」と思わずにはいられません。

本書で繰り返し述べている通り、2020年代は80年周期の大転換点にあると考えてみましょう。それを信じるかどうかは読者の判断に委ねますが、東日本大震災以降の日本をじっくりと観察すれば、そしてそこに生きる人々の顔つきや醸し出す雰囲気、世相を肌身で感じてみれば、何か大きな力が働き、破壊と創造が同時発生しつつあるような「うねり」を感じるのは私だけではないと思います。

本書では、「ライフタスク」の中でも特に「愛のタスク」に注目し、現代日本における夫婦のパートナーシップについて、アドラー心理学の考えを紹介しつつ、大胆に私見を述べさせてもらいました。紙幅の都合から、その都度ことわりを入れませんでしたが、本書では男女のパートナーシップに限定した表現を採用しているものの、私は性の多様性を否定するものではなく、同性のパートナーシップでも同様の議論が成立するという立場を取ることを最後に付言しておきます。

また「ライフタスク」と合わせて「共同体感覚」についても、縦横無尽に私なりの色メガネを通した解釈で論を展開させてもらいました。「夫婦の教科書」というテーマで一冊の本を仕上げるにあたり、自分自身の偏りのある狭い経験に囚われないよう、アドラー心理学以外の領域の専門家の知見も取り入れようと工夫をしました。巻末に参考文献として一覧を掲載しますので、ご興味を持たれた方は是非、それらを手に取ってみてください。今回の執筆作業を通して、改めて、人と人との「つながり・結びつき」の素晴らしさ、ありがたさを感じることができました。

平安時代末期から鎌倉時代初期に生きた歌人であり、僧侶であった西行が伊勢神宮に参拝した際に詠んだ歌があります。

なにごとのおはしますかは知らねども　かたじけなさに涙こぼるる

目には見えない「サムシング・グレート」な存在が、私を見守ってくれている、そう感じられるだけで、涙がこぼれるほどありがたい、というように解釈しています。

私たちは、自己を超越した存在を感じた時に、涙が溢れるように気持ちが高ぶり、そして、そこに感謝の念を抱きます。

最も身近で、目の前に存在することが当たり前すぎる、パートナーや家族のことを、改めて穏やかな気持ちで想ったとき、同じように、心の底から「ありがとう」という言葉がわきあがってくる。そんな自分でありたいと、本書の執筆を通して感じ続けました。

「アドラー子育て・親育てシリーズ」は第3巻の本書を持って完結します。このような機会を頂けたこと、本シリーズの出版に関わってくださった全ての方々と、読者の皆様に御礼を申し上げます。カウンセリングや講演会・セミナー、研修もしくは呑み会で、いつかリアルにお会いできる日を楽しみしています。それまで、みなさん、ごきげんよう!

二〇二一年一〇月

熊野英一

参考文献

『7日間で身につける! アドラー心理学ワークブック』　岩井俊憲　宝島社
『人生の意味の心理学〈上・下〉──アドラー・セレクション』　アルフレッド・アドラー・著　岸見一郎・訳　アルテ
『人はなぜ神経症になるのか──アドラー・セレクション』　アルフレッド・アドラー・著　岸見一郎・訳　アルテ
『人はどのように愛するのか──愛と結婚の心理学』　ルドルフ・ドライカース・著　前田憲一・訳　一光社
「アドラー心理学教科書──現代アドラー心理学の理論と技法」　監修・野田俊作　編集・現代アドラー心理学研究会
「SMILE　愛と勇気づけの親子関係セミナー」　ヒューマン・ギルド
『アドラー臨床発達心理学入門』　深沢孝之　アルテ
『女と男 なぜわかりあえないのか』　橘玲　文春新書
『結婚不要社会』　山田昌弘　朝日新書
『結婚と家族のこれから──共働き社会の限界』　筒井純也　光文社新書
『家族の幸せの経済学』　山口慎太郎　光文社新書
『人はなぜ不倫をするのか』　亀山早苗　SB新書
『不機嫌な夫婦』　三砂ちづる　朝日新書
『なぜ妻は夫のやること成すこと気に食わないのか』　石蔵文宣　幻冬舎新書
『愛と魂の法則』　錦織新　光文社
『愛する』　ティク・ナット・ハン　河出書房新社

『夫婦脳――夫心と妻心は、なぜこうも相入れないのか』　黒川伊保子　新潮文庫
『育自の教科書――父母が学べば、子どもは伸びる』　熊野英一　アルテ
『家族の教科書――子どもの人格は、家族がつくる』　熊野英一　アルテ
『アドラー式子育て 家族を笑顔にしたいパパのための本』　熊野英一　小学館クリエイティブ
『アドラー式働き方改革 仕事も家庭も充実させたいパパのための本』　熊野英一　小学館クリエイティブ
『アドラー式 老いた親とのつきあい方』　熊野英一　海竜社
『急に「変われ」と言われても――「この先どうすれば？」が解決する、先駆者たちの言葉』　熊野英一・杉山錠士　小学館クリエイティブ

コラム・インタビューの実施・執筆を担当した加藤隆行さんのご紹介です。

心理カウンセラー／フリーライター　加藤隆行（かとちゃん）

メルマガ：**https://www.reservestock.jp/subscribe/62235**
ブログ：　**http://ameblo.jp/kussblue**

幼少より様々な病気を患ったことから、人の生き方、心の仕組みについて深く考えるようになる。大学卒業後、大手通信会社のシステムエンジニアとして20年勤務後、自身の経験をもとに心理カウンセラーとして独立。「大人の自己肯定感を育てるプロフェッショナル」として、全国でカウンセリング、セミナーを実施。フリーライターとして様々な媒体への執筆も行う。

株式会社子育て支援／ボン・ヴォヤージュ有栖川

著者の熊野英一が行う個人向けセミナー・講座、個人カウンセリングの情報、および自治体、教育委員会、PTA等主催の講演依頼についてはこちらからお問い合わせください。

トップ・ページ：**http://bonvoyage-tokyo.jp/**
お問い合わせ：**http://bonvoyage-tokyo.jp/contact**
電話番号：**0800-800-3415**（フリーコール受付　平日9:00-18:00）

アドラー心理学をベースにした法人向けの研修（管理職研修、コミュニケーション、新人研修など）に関しては、こちらからお問い合わせください。

法人向け研修：**http://www.happy-kosodate.jp/service/adler_training.html**
お問い合わせ：**http://www.happy-kosodate.jp/contact/**
電話番号：**03-6450-4851**（受付　平日9:00-18:00）

著者　**熊野 英一**（くまの　えいいち）

アドラー心理学に基づく「相互尊敬・相互信頼」のコミュニケーションを伝える〈親と上司の勇気づけ〉プロフェッショナル。「ほめない・叱らない！アドラー式勇気づけ子育て」「アドラー心理学に基づく部下育成研修」等のテーマでこれまで多数の講演・研修実績を有する。「日経 DUAL」でのコラム執筆等を通して活発な情報発信も行う。近年はカウンセリングや不登校支援に力を入れている。

1972 年フランス・パリ生まれ。早稲田大学政治経済学部経済学科卒業。メルセデス・ベンツ日本にて人事部門に勤務後、米国 Indiana University Kelley School of Business に留学（MBA/ 経営学修士）。製薬企業イーライリリー米国本社及び日本法人を経て、保育サービスの株式会社コティに統括部長として入社。約 60 の保育施設立ち上げ・運営、ベビーシッター事業に従事。2007 年、株式会社子育て支援を創業、代表取締役に就任。2012 年、日本初の本格的ペアレンティング・サロン「bon voyage 有栖川」をオープン。日本アドラー心理学会正会員。日本個人心理学会正会員。

夫婦の教科書——愛に向き合い、家庭をつくる

2021 年 10 月 15 日　第 1 刷発行

著　者｜熊野 英一
発行者｜市村 敏明
発　行｜株式会社 アルテ
〒170-0013　東京都豊島区東池袋2-62-8
BIGオフィスプラザ池袋11F
TEL. 03(6868)6812　FAX. 03(6730)1379
http://www.arte-book.com

発　売｜株式会社 星雲社
（共同出版社・流通責任出版社）
〒112-0005　東京都文京区水道1-3-30
TEL. 03(3868)3275　FAX. 03(3868)6588
ブックデザイン｜Malpu Design
印刷製本｜シナノ書籍印刷株式会社

　ISBN978-4-434-29533-1 C0011